LA LIBRE ASOCIACIÓN DE LOS COMERCIANTES

Historia. Legislación. Constitucionalidad. Jurisprudencia

ACCESO GRATIS ***a la Lectura en la Nube***

Para visualizar el libro electrónico en la nube de lectura envíe junto a su nombre y apellidos una fotografía del código de barras situado en la contraportada del libro y otra del ticket de compra a la dirección:

ebooktirant@tirant.com

En un máximo de 72 horas laborales le enviaremos el código de acceso con sus instrucciones.

LA LIBRE ASOCIACIÓN DE LOS COMERCIANTES

Historia. Legislación. Constitucionalidad. Jurisprudencia

ISAAC SÁNCHEZ FLORES
Autor

tirant lo blanch
Ciudad de México, 2024

La presente obra ha sido dictaminada y aprobada para su publicación, de acuerdo con el sistema de revisión por pares doble ciego, por el Comité Editorial de la Facultad de Derecho de la Universidad Nacional Autónoma de México y su Comité Asesor. La misma pertenece a la Colección Tendencias Jurídicas.

Cuidado de la edición: Patricia Daniela Lucio Espino

La libre asociación de los comerciantes. Historia. Legislación. Constitucionalidad. Jurisprudencia

Primera edición: 2024

© Isaac Sánchez Flores (Autor)

© EDITA: FACULTAD DE DERECHO - UNIVERSIDAD NACIONAL AUTÓNOMA DE MÉXICO
Ciudad Universitaria, Coyoacán, 04510, Ciudad de México.
coordinacioneditorial@derecho.unam.mx

© IMPRIME Y DISTRIBUYE: TIRANT LO BLANCH MÉXICO
Av. Tamaulipas 150, Oficina 502 - Hipódromo, Cuauhtémoc, 06100, Ciudad de México - Telf: +52 1 55 65502317 - infomex@tirant.com - www.tirant.com/mex/ - www.tirant.es

ISBN (UNAM): 978-607-30-9314-9
ISBN: 978-84-1056-154-0

EDICIÓN: Coordinación Editorial de la Facultad de Derecho
MAQUETA: Innovatext

Si desea recibir información periódica sobre las novedades editoriales de la Facultad de Derecho envíe un correo electrónico a: *coordinacioneditorial@derecho.unam.mx*

Si tiene alguna queja o sugerencia, envíenos un mail a: *atencioncliente@tirant.com*.
En caso de no ser atendida su sugerencia, por favor, lea en *www.tirant.net/index.php/empresa/politicas-de-empresa* nuestro procedimiento de quejas.

Responsabilidad Social Corporativa: *http://www.tirant.net/Docs/RSCTirant.pdf*

COORDINACIÓN EDITORIAL DE LA FACULTAD DE DERECHO

Patricia Daniela Lucio Espino
Coordinadora Editorial y Editora

Alan David Barraza Guerrero
Ana María Ramírez Sánchez
Coeditores y Validación de Contenidos

María Concepción Cárdenas Ostria
Cinthya Gutiérrez Ruiz
Corrección de Estilo

Michelle Sánchez Cabello
Ricardo Pérez Rodríguez
Diseño Editorial

Jonathan Salvador Bastida Ávila
Protección a la propiedad intelectual

Jennifer Valeria Galicia
Asistente administrativo

COMITÉ ASESOR DE LA FACULTAD DE DERECHO

A mi padre Miguel Sánchez (†)
con mucho cariño

Índice

Capítulo IV

México independiente, siglo XX

CÁMARAS EMPRESARIALES

Capítulo I

Naturaleza Jurídica

Capítulo II
Confederaciones

Introducción General

El estudio es un análisis integral de la naturaleza jurídica de las Cámaras de Comercio y sus razones prácticas, políticas, económicas y jurídicas para su creación.

Se comienza con la historia de las Cámaras de Comercio, de Industria y de las Confederaciones para comprender su regulación con base en su contexto histórico.

Es poca la bibliografía que habla del tema "Cámaras Empresariales y sus Confederaciones", son más las publicaciones hechas por alguna Cámara o Confederación, las cuales se enfocaban únicamente a su historia particular y no a la historia en general del tema, por esa razón se hace una extensa reseña histórica, para contribuir a la historia de las Cámaras y sus Confederaciones con documentos históricos de primera mano.

El presente trabajo expone información documental de 1841, así como la primera ley de Cámaras publicada en 1908 con su exposición de motivos, entre otros valiosos documentos.

Como punto de partida de la investigación fue de gran ayuda el libro del Licenciado Francisco T. Zermeño titulado "Las Cámaras de Comercio en el Derecho Mexicano" de 1964, el autor con sus más de 25 años de prestar sus servicios en la Cámara de Comercio de la Ciudad de México y llegar a ser Gerente General de esa Institución, nos da bajo su visión un panorama histórico sobre las Cámaras.

El presente trabajo tiene críticas y propuestas sobre la libre asociación y su relación con las Cámaras y sus Confederaciones.

La libre asociación de los comerciantes e industriales es un derecho humano, en sus dos sentidos, a la libertad de asociarse y a la libertad de no asociarse, lo cual nos lleva a reflexionar sobre la mala práctica de la asociación obligatoria.

Los retos de las Cámaras y sus Confederaciones se adaptan a su momento histórico, actualmente las Cámaras y Confederaciones tienen el reto de enfrentarse a figuras similares reguladas de forma diferente.

Ciudad Universitaria, junio de 2023.

MTRO. ISAAC SÁNCHEZ FLORES.

Introducción del Apartado de Referencias Históricas

Las Cámaras Empresariales y sus Confederaciones tuvieron un motivo preciso para su creación, la primera fue la unión de los comerciantes e industriales para lograr fines comunes y la segunda fue la utilidad que tiene para el Estado su agrupación.

En los antecedentes internacionales y nacionales podemos comprender la naturaleza de las Cámaras y sus Confederaciones con base en su contexto histórico y su relevancia como factor real de poder en la sociedad.

Cada gobierno adaptó la figura de las Cámaras y sus Confederaciones según su interés y según el área geográfica.

Las Cámaras tienen antecedentes en Francia, Inglaterra, Irlanda, Estados Unidos de América y España.

En México también existe la figura de las Cámaras desde la época prehispánica, en la colonia, en el México de siglo XIX y del siglo XX.

La Cámara de Comercio de la Ciudad de México toma relevancia en la reseña histórica por ser la Cámara de la capital del país, por esa razón se hace mención a su fundación e integración.

Desde la ley de Cámaras de 1908 se hace un análisis de todas las leyes que regularon las figuras de las Cámaras y sus Confederaciones con el relato de la exposición de motivos, su estructura y características de cada ley.

Durante la investigación del presente trabajo se apreció que las referencias históricas eran pocas y con el ánimo de contribuir en el tema se concentraron en la bibliografía una gran cantidad de material recopilado para que sirva de consulta.

Referencias históricas

Capítulo I
Antecedentes Internacionales

Desde hace mucho tiempo, los comerciantes tenían la necesidad de asociarse, para agilizar su actividad comercial, solucionar sus problemas, y defender sus derechos. Ejemplos de ello se dan en Grecia y en Roma, —con su debida distancia— en donde los artesanos se agrupaban en corporaciones, para defender sus derechos, reclamar privilegios o para ponerse al amparo de alguna divinidad.[1]

Las asociaciones han tenido diversos nombres en diferentes partes del mundo y épocas, como: gremios, guildas, hansas, cofradías, artes, métiers, jurandes o Hand-werk, cada una con sus características propias. En muchos lugares fueron un instrumento de unidad política. La organización de los gremios se regía por jerarquías, en la parte superior se encontraban los maestros, los jefes del taller, propietarios de la materia prima y los propietarios de los instrumentos de trabajo; le seguían en un nivel medio los oficiales o compañeros; y los que estaban por debajo de estos eran los aprendices.[2]

Los gremios tenían funciones específicas como: a. Organizar o presidir las ferias y mercados; b. Enviar cónsules al extranjero para proteger y asistir a los asociados; c. Proteger las comunicaciones con los miembros y solucionar las controversias que surgieran;[3] d.

---

1 Santiago Cruz, Francisco. "*Las artes y los gremios en la Nueva España*". Editorial JUS. México. 1960. Pág. 7.

2 CANACO. XCV "*Aniversario de la Cámara de Comercio de la Ciudad de México*". Edición por el Aniversario de la Cámara. Editado por CANACO. México. 1969. Pág. 98.

3 Rocco, Alfredo. Traducido por Garrigues Joaquín. "*Principios de Derecho Mercantil, parte general*". Revista de Derecho Privado. Madrid, España. 1931. Pág. 12.

Los gremios llegaron a tener una gran trascendencia, por lo que, les fue concedida personalidad.[4]

Existían gremios de comerciantes y de artesanos, los gremios de los comerciantes estaban integrados por miembros ricos y poderosos, que buscaban obtener una importante influencia política para acceder a los altos cargos en el gobierno de la ciudad.

Por esa razón, era evidente que los gremios de los comerciantes tenían una gran fuerza política en el gobierno y en la milicia.

Las entidades asociativas o societarias predominantes en la Edad Media fueron las llamadas corporaciones, las hubo en varios países de Europa, como Inglaterra, el sur de Alemania, y el norte de Francia desde el siglo IX.

Los inicios de las asociaciones de los comerciantes surgen propiamente en los gremios y corporaciones, en la Edad Media, en el siglo XII.[5] Derivado de un concepto de origen romano: "universitas personarum", como parte de la estructura descentralizada de la sociedad medieval.[6]

Posteriormente, comienzan a surgir en algunos países, asociaciones de comerciantes con la denominación de "Cámara".

1. FRANCIA

La primera noticia que se tiene de las Cámaras es la constitución de una asociación de carácter permanente compuesta por comerciantes, manufactureros, navieros y marinos mercantes con

---

4 Carrera Stampa, Manuel. "*Los gremios mexicanos: la organización gremial Nueva España, 1521-1861*". Colección de Estudios Histórico-Económicos Mexicanos de la Cámara Nacional de la Industria de Transformación. Editorial EDIAPSA. México. 1954. Pág. 142.

5 IDEM.

6 Rojas Caballero, Ariel Alberto. CUM. Escuela de Derecho. Revista "*Responsa*". *Año 0, Número 1. Editorial Progreso. Agosto de 1995. México. Pág. 6.*

el objeto de cuidar los intereses de su actividad comercial, industrial y naviera.

A esa creación se le considera como la primera Cámara de Comercio, la cual tuvo lugar en Marsella entre fines del siglo XIV o principios del siglo XV, aunque hay quien afirma (la Cámara de Comercio de los E.U.A., en un folleto llamado "The Chamber of Commerce, Its Origin and Purpose") que fue en el año de 1599.[7]

Durante el reinado de Luis XIV, en el siglo XVIII, se extendió en Francia esta figura, con la finalidad de tratar los problemas del comercio. Así Luis XIV ordenó la creación de las Cámaras en las ciudades de mayor auge comercial, las cuales fueron Dunkerque, París, Lyon, Rouen, Toulouse, Montpellier, Burdeos, La Rochelle, Lilas, Bayone, Nantes y Saint Malo.

A algunas de estas Cámaras de comercio les dieron una duración efímera, como consecuencia de un incremento cuantitativo desbordado. En 1791 Luis XVI las suprimió. Volvieron a funcionar hasta el año de 1802, cuando Napoleón, con la finalidad de estimular el desarrollo comercial, y el crecimiento industrial en Francia las reestableció.[8] Además, las conquistas de Napoleón extendieron la figura de las Cámaras con el modelo francés en varios países de Europa.[9]

2. INGLATERRA E IRLANDA

En las ciudades comerciales de Inglaterra y de Irlanda también se crearon Cámaras de Comercio. La primera en formarse fue la Cámara de la Isla de Jersey, en el Canal Inglés, en el año de 1768. Posteriormente se creó la Cámara de Dublín, en el año de 1783; seguidos de la Cámara de Leeds en el año de 1785, la Cámara de

---

7 Zermeño, Francisco T. "*Las Cámaras de Comercio en el Derecho Mexicano*". Edición de Impresores Asociados. México. 1964. Pág. 1.

8 IBÍDEM. *Pág. 3.*

9 CUM. Escuela de Derecho. Op. Cit. Pág. 6

Manchester en el año de 1794, y la Cámara de Belfast en el año de 1796.

3. ESTADOS UNIDOS DE AMÉRICA

La figura de las Cámaras de Comercio también hizo su aparición en el continente americano. En 1768 surgió la Cámara de Comercio de la ciudad de Nueva York; posteriormente fueron constituidas las Cámaras de Comercio de Charleston, South Carolina, New Haven, Connecticut, y Filadelfia en el año de 1801. El uso de esta figura tomó gran fuerza y, para el año de 1870, existían Cámaras de Comercio en las cuarenta principales ciudades de Estados Unidos de América. Las Cámaras de Comercio, fueron creadas por hombres de negocios, con la finalidad de resolver problemas relacionados con el mismo. El crecimiento acelerado de las Cámaras y de la actividad comercial, dieron como consecuencia que comenzaran los problemas generales de las comunidades y actividades de carácter cívico-social.

La Cámara de Comercio de Cleveland, Ohio, creada en el año 1848, fue una de las primeras Cámaras contempladas en el sentido moderno, al no tener solamente una finalidad de promoción y defensa del comercio e industria, sino también cívica, al conocer problemas de habitación, lugares de esparcimiento, además de participar en actividades administrativas de la ciudad y de asuntos de gobierno.[10]

En 1911 aconteció un hecho importante, el cual marcó a las actuales Cámaras de Comercio, pues se estableció en los Estados Unidos de América la cooperación entre los hombres de negocios y el gobierno. La historia comenzó cuando en ese año, un grupo de personas de negocios decidió reunirse en St. Louis con el objeto de sugerirle al Secretario de Comercio una convocatoria a la

---

10 Zermeño, Francisco T. Op. Cit. *Págs. 4 y 5.*

Convención Comercial en Washington, la cual fue aceptada por él, y por el Presidente de los Estados Unidos de América.

El Presidente William Howard Taft (1909-1913), con esa idea en la cabeza, dio en diciembre de 1911 un discurso al Congreso en donde expuso la necesidad de establecer un sistema de cooperación entre los hombres de negocios y el gobierno, como resultado se obtuvo una Convención Nacional de Comercio realizada el 22 de abril de 1912 en la ciudad de Washington, la cual engendró a la Cámara de Comercio de los Estados Unidos como un organismo representativo de todas las organizaciones comerciales y cívicas del país como medio para hacer llegar la voz de los comerciantes asociados al Congreso.[11] El gobierno consideró a las Cámaras como organismos de apoyo en su relación entre los comerciantes.

4. ESPAÑA

Comparado con otros países, el gobierno español tardó en legislar sobre Cámaras de Comercio, hasta el Real Decreto de 9 de abril de 1886,[12] donde se reconoció el establecimiento de Cámaras de Comercio, de la Industria y de la Navegación, en los principales puertos de primera clase y en las principales plazas de Madrid, Alcoy, Badajoz, Burgos, Córdoba, Gerona, Granada, Jerez, Jaén, Lérida, Reus, Valladolid, Santiago y Zaragoza.

La Cámara de la Villa de Bilbao, constituida el 28 de mayo de 1886, fue la primera que se instaló.[13]

Para ingresar como miembro de la Cámara se necesitaba ser español con calidad de comerciante, industrial o naviero, con por lo menos 5 años de antigüedad; tener cubiertas las contribuciones estatales correspondientes a su actividad; y contribuir al sostenimiento de la Cámara. No sólo estas personas podían ingresar

---

11 IBÍDEM. Pág. 6.

12 IDEM.

13 IBÍDEM. Pág. 8.

como miembros, ya que también lo podían hacer, los gerentes o representantes de las empresas mercantiles, industriales o navieras de altura o cabotaje, así como pilotos o capitanes de marina mercante de altura, que fueren o hubiesen sido, incluidos los corredores de comercio, consignatarios de buques y profesores mercantiles, como consecuencia de diversas órdenes reales de 1887.[14]

Posteriormente el requisito de ser español fue suprimido, aceptando comerciantes e industriales extranjeros que así lo quisieren; esta situación derivada de la Real Orden del 29 de enero de 1887, pero se limitó tal circunstancia al establecerse que no podían exceder la décima parte de los asociados, y que estos debían tener como mínimo diez años de residencia en España.[15]

a) Estructura de la Cámara española

Los miembros de la Cámara formaban la Asamblea General, la cual se dividía en tres secciones: la sección de comercio, la sección de la industria y la sección de navegación, con un mínimo de doce miembros por sección. Gobernaba por la Junta Directiva, integrada por un Presidente, un Vicepresidente, un Tesorero-Contador, un Secretario, por lo menos seis vocales, y la Junta particular de cada sección. Todos estos eran elegidos de manera directa por la Asamblea General, a excepción de la Junta particular, la cual era elegida por miembros de su respectiva sección.[16]

Se reunían en las Juntas y en las Asambleas cuando lo ordenaba el Estado y los reglamentos relativos. También podían reunirse dos o más Cámaras o Juntas Directivas para tratar intereses comunes. La legislación española les otorgaba libertad a las Cámaras para formar y redactar sus propios reglamentos.

---

14 IBÍDEM. Pág. 6.
15 IDEM.
16 IDEM.

Las Cámaras legalmente tenían establecidas atribuciones diversas como: a) proponer la ejecución de obras y pedir al poder legislativo reformas a la normatividad para el mejoramiento y desarrollo del comercio, la industria y la navegación; b) promover el comercio, industria y navegación a través de exposiciones, conferencias, publicaciones de las memorias de la Cámara, asimismo estimular la literatura y la enseñanza en materia de comercio, industria y de navegación; c) proporcionar al Gobierno los datos, noticias o informes que éste le requiera, asimismo procurar por la uniformidad de usos y prácticas comerciales; d) fungir como jurado, para resolver cuestiones entre los fabricantes y operarios, además, promover el juicio de amigables componedores, entre otras.[17]

Las Cámaras españolas tenían un gran poder, al grado de que eran consultadas sobre los proyectos de tratados de comercio, navegación, arancelarios, creación de bolsas de comercio, asimismo en la enseñanza mercantil, industrial y de navegación; también fueron consideradas como colegios especiales y podían elegir un diputado por cada cinco mil electores; pero el Gobierno español a través de la legislación decidió controlar su poder para restringir sobre los asuntos en que podían deliberar las Cámaras, y lo limitaron a asuntos sobre comercio, industria y navegación; además debían informar al Gobierno sobre su constitución definitiva, su reglamento interior y sobre la integración de la Junta Directiva.[18]

Las características de las Cámaras españolas son similares a las Cámaras mexicanas, probablemente como resultado de la relación histórica tan estrecha que se tuvo entre países durante algunos siglos.

---

17 IBÍDEM. Págs. 7 y 8.

18 IBÍDEM. *Pág. 8.*

Capítulo II

Antecedentes Nacionales

1. MÉXICO PREHISPÁNICO

Existían comerciantes pequeños, medianos (Tlanamacanime) y poderosos (Pochteca), en Tenochtitlan, Tlatelolco, Tetzcoco, Azcapotzalco, Huitzilopochco, Huexotlan, Cuauhtitlan, Coatlinchan, Chalco, Otompan, Acolhuacan, Iztapalapa, Coyohuacan, Culhuacan, Xochimilco, Cuitláhuac, Cuitlachtepec, Mizquic, Amaquemecan, Tultitlan, Tulanzinco, y Tepeyac.[19]

Los Pochteca fueron reconocidos como una clase participativa en el desarrollo de las funciones del pueblo Azteca porque se aglutinaban en numerosas agrupaciones o corporaciones, tenían la protección real, eran tan poderosos que a veces hacían la guerra por su propia cuenta. En el seno de cada corporación o gremio de los Pochtecas existía un tribunal para solucionar problemas surgidos con motivo de la actividad comercial.[20]

También en esa época, sobre todo en los grandes centros ceremoniales y urbanos, se desarrolló esta figura entre las personas que ejercían los oficios y las artesanías, algunos historiadores afirman que estos se agruparon en formas parecidas a los gremios, en atención a la especialidad de su oficio o arte, al Dios que veneraba, al barrio al que pertenecían, y a la jerarquía económico-social de los integrantes. Esta forma de organización se perdió con la conquista, pues se implantaron las formas de organización españolas.[21]

---

19 IBÍDEM. Pág. 9.

20 Quintana Adriano, Elvia Arcelia. "*Ciencia del Derecho Mercantil, Teoría, Doctrina e Instituciones*". Editorial Porrúa. México. 2002. Págs. 128 y 129.

21 CANACO. Op. Cit. Pág. 101.

2. MÉXICO COLONIAL

a) Consulado de la Ciudad de México

Durante la colonia también hubo organizaciones, corporaciones o gremios de comerciantes. Con la finalidad de promover y proteger sus intereses un grupo de comerciantes de la Ciudad de México luchó para obtener la autorización para crear un Consulado parecido a los de España, Burgos y Sevilla. El Rey Felipe II concedió la autorización el 15 de junio de 1592, así es como surgió la primera organización de Mercaderes de la Muy Noble y Muy Leal Ciudad de México.

b) Sus facultades y sus características

El Consulado de México contaba con varias facultades, entre las más sobresalientes estaban: a) Resolver conflictos internos que se suscitaban en el reino de la Nueva España y en otras provincias, por medio de un Tribunal con función jurisdiccional; b) Fomentar y proteger la actividad comercial; y c) Construir carreteras, y canales en ejercicio de su función para realizar obras públicas.

Además tenía como características: a) Su propio presupuesto, el cual provenía del impuesto de Avería principalmente, concedido en 1594,[22] el que gravaba todas las mercancías que entraban a la Nueva España. También obtenía recursos de aportaciones de grandes comerciantes y de otras alcabalas, b) Formular sus propias Ordenanzas.[23] c) Participar y financiar lo referente a las tropas regulares en las milicias de las provincias y de las urbanas.[24]

---

22 Borchart de Moreno, Christiana Renate; Traducido por Zenker, Alejandro. "*Kaufmannschaft und handelskapitalismus in der stadt México*". "*Los mercaderes y el capitalismo en la Ciudad de México: 1759-1778*". Fondo de Cultura Económica. México. 1984. *Pág. 24.*

23 Quintana Adriano, Elvia Arcelia. Op. Cit. Págs. 129-132.

24 Borchart de Moreno. Op. Cit. Págs. 42 y 43.

Este fenómeno de asociación de los comerciantes surgió por la necesidad de oponerse al poder Real, con el fin de imponer sus privilegios o derechos. Tomó tal importancia esta figura que no sólo regían administrativamente el tráfico de mercancías, sino hasta resolvían las controversias que surgieran en ese ámbito.[25]

c) Su integración

El Consulado de Comerciantes de México, estaba integrado por la Universidad de los Comerciantes y el Real Tribunal del Consulado.[26]

Existían un prior y dos cónsules, quienes eran los máximos representantes del Consulado, que a su vez también la hacían de jueces del Tribunal del Consulado quienes eran nombrados por los miembros de la corporación. En la Nueva España existían también en forma paralela cinco diputados, quienes resolvían tareas del Consulado y uno o dos representantes ante la corona española.[27]

Supuestamente el Consulado representaba los intereses de todos los comerciantes: a) los de crecidos fondos y facultades; b) los de mediano comercio; y c) los de poca expedición. Pero en realidad sólo representaba a los comerciantes ricos que eran un pequeño grupo, quienes luchaban por acrecentar y conservar sus privilegios. Para ser miembro del Consulado y participar se tenían que reunir los siguientes requisitos: 1. Ser mayor de 25 años; 2. Vecino de la Ciudad de México, con bienes urbanos; 3. No ser pequeño comerciante; 4. Poder importar por cuenta propia mercancías de Europa u otras colonias españolas; 5. No ser empleado de los comerciantes o escribanos. Otro requisito principal implícito, era poseer grandes capitales.[28]

---

[25] CUM. Escuela de Derecho. Op. Cit. Pág. 6

[26] CANACO. Op. Cit. Pág. 114.

[27] IBÍDEM. Pág. 22.

[28] IBÍDEM. Pág. 25.

d) Otros Consulados

Posteriormente surgieron otros Consulados como: el Consulado de Veracruz por Real Cédula de 25 de abril de 1795; el Consulado de Guadalajara de 6 de junio de 1785 (aunque formalmente el 12 de septiembre de ese año) y el Consulado de Puebla en 1821. Se suponía que se podía establecer un Consulado en cualquier poblado que tuviera un número mínimo determinado de mercaderes, pero el Consulado de la Ciudad de México luchó por mantener el monopolio de la jurisdicción comercial.

Cuando inició el movimiento independentista, fue suspendida temporalmente la actividad de los Consulados, pero por cuestiones de necesidad los comerciantes decidieron ponerlos a funcionar. Posteriormente los gobiernos federales y locales ordenaron la disolución de los gremios de comerciantes y del Tribunal especial, pero el 26 de febrero de 1822 se emitió un decreto que momentáneamente legalizó los Tribunales y Consulados con el requisito de jurar obediencia al Congreso Constituyente.[29]

Ulteriormente se continuó con el cierre de consulados, el primer Consulado suprimido fue el de Guadalajara por decreto de la legislatura local de fecha 6 de noviembre de 1824. El siguiente en ser suprimido fue el Consulado de Veracruz por decreto del 19 de noviembre de 1824, a pesar de que los miembros de este eran simpatizantes del movimiento insurgente. El Consulado de Puebla fue el siguiente en ser suprimido el 16 de octubre de 1824. El último en ser suprimido, —el más poderoso, antiguo y prestigiado—, fue el Consulado de México por decreto del 19 de enero de 1827 que ordenaba que todos los asuntos relativos al comercio fueran conocidos por las autoridades ordinarias.[30]

---

29 Quintana Adriano, Elvia Arcelia. Op Cit. Págs. 129-132.

30 CANACO. Op. Cit. Pág. 121.

Capítulo III
México independiente, siglo XIX

El 27 de enero de 1827 por decreto se disolvió al Tribunal del Consulado de la Ciudad de México, antes conocido con el nombre del Real Tribunal del Consulado de la Nueva España. En ese momento el país quedó sin instituciones equivalentes.[31]

1. ORGANIZACIÓN DE LAS JUNTAS DE FOMENTO Y TRIBUNALES MERCANTILES[32]

Más tarde, siendo Presidente Antonio López de Santa-Anna, el 15 de noviembre de 1841 se emitió un decreto por el cual se estableció la creación de las "Juntas de fomento, del comercio y tribunales" para resolver controversias en cuestiones mercantiles, y así estas juntas trataron de continuar con las funciones que realizaban los Consulados.[33]

Para la creación de una Junta se pedía como requisito la existencia de cuando menos quince mil personas en el lugar y un tráfico activo. En el lugar donde existía un tribunal mercantil, todos los comerciantes estaban obligados a matricularse, en caso contrario les aplicaban una multa de cinco a doscientos pesos; en cambio para los hacendados y fabricantes era un derecho la inscripción y nunca una obligación. Al inscribirse los comerciantes debían pro-

---

31 IBÍDEM. Pág. 43.

32 Dublan, Manuel y Lozano, José María. "*De las Disposiciones Legislativas. Expedidas desde la Independencia de la República*". Legislación Mexicana. Colección completa. Edición oficial. Tomo IV. Imprenta del Comercio, a cargo de Dublán y Lozano, hijos. México. 1876. Págs. 51-58.

33 CANACO. Op. Cit. Pág. 121.

porcionar los siguientes datos: a) Su giro; b) Sus integrantes; c) La información sobre sus establecimientos mercantiles.

El objeto de las Juntas era entre otros: a) Velar por la prosperidad y adelantos del comercio, en coordinación con la autoridad; b) Fomentar la cultura y la educación del comercio, ya sea con la creación de escuelas o con publicaciones; c) Formar anualmente la balanza mercantil del lugar; d) Rendir información a la autoridad cuando está la pedía; e) Recaudar e invertir los fondos que su ley señalaba.

Las Juntas estaban integradas por un tesorero, un secretario, vocales y los amanuenses necesarios. Estas mismas rendían informe anualmente de sus fondos, el cual era publicado por prensa, y mandado a la Contaduría Mayor de Hacienda. Los Tribunales estaban integrados por tres presidentes, seis suplentes, un secretario, un escribano de diligencia, un ministro ejecutor, los amanuenses necesarios, y un asesor letrado. Los Tribunales no cobraban a las partes ni costas, ni emolumentos, a menos que hubieran actuado de mala fe o temerariamente.

2. CÁMARA DE COMERCIO DE LA CIUDAD DE MÉXICO

La legislación mercantil del México independiente al iniciar la primera mitad del siglo XIX eran las Ordenanzas de Bilbao, posteriormente apareció un Código Nacional de Comercio el 16 de mayo de 1854 en el último gobierno de Santa-Anna, código a cargo de Teodosio Lares, el cual se limitó a copiar los códigos de España y de Francia, un vicio muy común entre los legisladores mexicanos. Éste Código tuvo una duración de año y medio, fue abrogado, y se retomó nuevamente las ya conocidas Ordenanzas de Bilbao,[34] además, no existía una legislación específica que regulara a las Cámaras de Comercio.

---

34 Zermeño, Francisco T. Op Cit. Pág. 24.

La situación del país en materia comercial en el año de 1862 era la siguiente: el número de establecimientos comerciales se estimaba en 18,485 de los cuales la mayoría eran almacenes y tiendas de abarrotes, lienzos, y géneros, los menos, las tiendas de maicerías, pajerías, y de mercería, con un movimiento aproximado de 400 millones de pesos de aquella época.[35] Gobernaba en ese momento el presidente Sebastián Lerdo de Tejada.

a) Su fundación

Para 1874 la población del país era de 8,743,614 habitantes, y de 200,000[36] en la capital. Precisamente el 27 de agosto de ese año,[37] se fundó la Cámara de Comercio de México, y se señaló como objeto en su Estatuto el de:

> "...consultar todo lo que pueda ser conveniente a los intereses del tráfico mercantil, representar al comercio en los asuntos en que deba tomar parte activa o pasivamente; discutir, en cuanto a sus facultades competa, todos los negocios de interés general para el comercio que se sometan a su examen, y arreglar en arbitraje las cuestiones y diferencias que se sujeten a su decisión. En fin, y en una palabra, tener siempre presentes los intereses del comercio, y trabajar en obsequio de aquellos de cuantas maneras se pueda".[38]

Los señores Esteban Benecke, Schmidt, Ebrard, Aubert, Lamy, Guerin, Martín, Federico Claussen, Francisco de Río, José Pontón, Ramón Pontón, Nieth, Sevilla, R. Peláez, Hülverschorn, Zapiain, Uhink, Masson, Carlos Kauffman, Blanco, Antonio Carvajal, fueron algunos de los miembros fundadores de la Cámara de Comercio de México.[39]

En sus primeros años de existencia la Cámara de Comercio de México era consultada para asuntos importantes en materia mer-

---

35 IBÍDEM. *Pág. 9.*

36 CANACO. Op. Cit. Pág. 54.

37 Zermeño, Francisco T. Op. Cit. Pág. 16.

38 IBÍDEM. Pág. 12.

39 IBÍDEM. Pág. 13.

cantil, y para 1875, cuando se terminó el proyecto del Código de Comercio, que posteriormente fue sometido al Congreso, hizo las observaciones que creyó convenientes.[40]

b) Su integración

Podían ser miembros todos los comerciantes establecidos que lo desearan, sin importar al ramo que pertenecieran; y también las personas que sin ser comerciantes se interesaren en la prosperidad del comercio. Los aspirantes a ser miembros debían presentar su solicitud ante la Junta Directiva y ser respaldada por dos miembros de la Cámara.

La Cámara de Comercio estaba gobernada por una Junta Directiva, integrada por seis vocales propietarios y tres suplentes, eran nombrados por la Junta General por mayoría absoluta por dos años. Entre los seis vocales propietarios se nombraba, por ellos mismos, un Presidente, un Vicepresidente, un Tesorero y un Secretario, éste último encargado de llevar el libro de actas de la Junta y de las reuniones generales, entre otras.

La Junta Directiva tenía entre sus obligaciones el representar a la Cámara ante el Estado, darle continuidad a los trabajos de la Cámara, y promover la publicidad de todo lo relacionado con los intereses del comercio.

c) Los Códigos Civiles de 1870, 1884 y 1928

Antes de la Ley de Cámaras Nacionales de Comercio del 12 de junio de 1908, no existían antecedente de norma, reglamentación o regulación alguna específica de las Cámaras en los Estados Unidos Mexicanos, se hablaba solamente de gremios, Consulados y Juntas de fomento.

---

[40] Quintana Adriano, Elvia Arcelia. Op. Cit. Pág. 135.

La creación de la Cámara de Comercio de México en el año de 1874, fue bajo el amparo de la Constitución de 1857, que en el artículo 9° consagra la libertad de asociación:

> "Art. 9°. A nadie se le puede coartar el derecho de asociarse ó de reunirse pacíficamente con cualquier objeto lícito; pero solamente los ciudadanos de la República pueden hacerlo para tomar parte en los asuntos políticos del país. Ninguna reunión armada tiene derecho de deliberar".[41]

La forma de la asociación es el reflejo de la necesidad de las personas para unirse y multiplicar sus recursos, fuerzas, e inteligencia para un fin común, asimismo los comerciantes mexicanos vieron la necesidad de crear sus asociaciones, y posteriormente el derecho las reguló, primero en la Constitución y luego en una ley específica.

Antes de que existiera Ley específica sobre las Cámaras de Comercio eran regidas por el derecho común, simplemente como una asociación.

El Código Civil del Distrito Federal y Territorio de la Baja-California de 1870, el cual entró en vigor el 1° de marzo de 1871,[42] reconocía a las personas morales en su artículo 43:

> "Artículo. 43. Llámanse personas morales las asociaciones ó corporaciones, temporales ó perpetuas, fundadas con algun fin ó por algun motivo de utilidad pública, ó de utilidad pública y particular juntamente, que en sus relaciones civiles representan una entidad jurídica".

Y lo hacía como asociaciones o corporaciones, ya sean temporales o perpetuas, creadas por motivo o fin de utilidad pública,

---

41 Tena Ramírez, Felipe. "*Leyes fundamentales de México 1808–1998*". 21ª. Edición. Editorial Porrúa. México. 1998. Pág. 608.

42 *Código Civil del Distrito Federal y territorio de la Baja-California de 1871.* TIP DE J. M. Aguilar Ortiz, 1ª de Sto. Domingo, número 5. 1875. México. Pág. 13.

o utilidad particular conjuntamente con la utilidad pública. Las asociaciones quedaban, como lo establecía el artículo 47:

> "47. Las asociaciones de interes particular quedan sujetas á las reglas del contrato de sociedad".[43]

Sujetas a las reglas del contrato de sociedad ubicadas en el Título Undécimo.

La exposición de motivos del Código Civil para el Distrito Federal y Territorios Federales de 1928 se preocupa por regular de forma específica a las asociaciones profesionales y otorgarles personalidad.[44] Así fue como el Código Civil para el Distrito Federal y Territorios Federales de 1928 estableció la naturaleza jurídica, las reglas de su funcionamiento interno, los órganos que la gobernaban, y los casos de disolución de las asociación, entre otras. En los Códigos anteriores a este, también se reconocían a las asociaciones, pero no las regulaban de forma específica, ya que establecían que las asociaciones se apegarían a las disposiciones de las sociedades.

En la misma exposición de motivos del Código Civil de 1928 se menciona que las asociaciones que regula el Código no tenían un objeto de especulación comercial o fin lucrativo, y que su reglamentación atiende principalmente a la persona y no al monto o interés de su aportación.[45]

No había motivo jurídico por el cual dejaran de ser reguladas las Cámaras por el derecho común y fueran reguladas por la legislación federal; la asociación al ser reconocida por los códigos locales como persona moral, y designarle una regulación específica daba como resultado el respeto al estado de Derecho.

---

43 IDEM.

44 *Código civil para el Distrito Federal. Leyes y Códigos de México.* 70ª. Edición. Editorial Porrúa. México. 2003. Pág. 14.

45 IBÍDEM. Págs. 32-33.

Las Cámaras de Comercio durante el porfiriato protagonizaron una intensa actividad, con sus respectivos conflictos, en temas relacionados con los impuestos, costos y calidad del servicio público. Esta circunstancia le incomodó al Ministro de Finanzas José Ives Limantour quien argumentaba que las Cámaras tenían mucho énfasis en la crítica, más que en las propuestas constructivas.[46] Tal vez este fue el motivo para crear una ley federal que regulara a las Cámaras de Comercio.

46 Alba Vega, Carlos; (coordinador). "*Historia y Desarrollo Industrial de México*". Publicado por Confederación de Cámaras Industriales de los Estados Unidos Mexicanos, en colaboración con el Colegio de Jalisco. México. 1988. Pág. 237.

Capítulo IV

México independiente, siglo XX

En el siglo veinte, existieron cuatro leyes que regularon en materia de Cámaras de Comercio: la primera de ellas expedida durante el gobierno de Porfirio Díaz en el año de 1908, llamada "Ley de Cámaras Nacionales de Comercio"; la segunda fue la "Ley de Cámaras de Comercio e Industria" en el año 1936 durante el gobierno de Lázaro Cárdenas; la tercera fue la "Ley de las Cámaras de Comercio y de las de Industria" en el año de 1941 durante el gobierno de Manuel Ávila Camacho; y la última de ese siglo fue la "Ley de Cámaras Empresariales y sus Confederaciones" expedida a finales del año de 1996, durante el gobierno de Ernesto Zedillo Ponce de León.

Es importante conocer el antecedente, la estructura y el contenido de estas leyes, porque ahí encontraremos los puntos importantes que caracterizaron a cada ley y la intención del legislador por regular las necesidades de cada tiempo.

1. LEY DE CÁMARAS NACIONALES DE COMERCIO DEL 12 DE JUNIO DE 1908[47]

A poco de iniciar el siglo XX, México tuvo su primera ley de las Cámaras Comercio por iniciativa del Secretario de Hacienda, Licenciado Don José Yves Limantour, al encargar a Enrique Tron (miembro de la Cámara de Comercio de México) la formación de un proyecto. Posteriormente en nombre de la Cámara de Comer-

---

47 *Véase* D. O. F. De los Estados Unidos Mexicanos, del 12 de junio de 1908, número 37, tomo XCVI.

cio de México, el señor Tron presentó su proyecto ante el Secretario de Hacienda. En abril de 1908, el Poder Ejecutivo a través de la Secretaría de Hacienda remitió a la Cámara de Diputados la iniciativa para la reorganización de las Cámaras de Comercio; estudió el proyecto la Comisión de Hacienda, y con pocas variantes, solamente algunas correcciones gramaticales y no legales del proyecto original, se aprobó por mayoría de votos, al ser 119 a favor y sólo uno en contra (se pusieron en debate los artículos del 1 al 18) en la Cámara de Diputados, posteriormente fue remitida a la Cámara de Senadores y se aprobó la ley.[48] Luego, esta ley fue abrogada por la ley del 27 de agosto de 1936.

a) *Exposición de motivos de la Ley de Cámaras Nacionales de Comercio*

La iniciativa de ley sobre las Cámaras Nacionales de Comercio y su exposición de motivos fue remitida por la Secretaría de Hacienda bajo el rubro "la institución en el país de las Cámaras Nacionales de Comercio" el cuatro de abril de 1908 a la XXIII legislatura. En esa exposición de motivos, se reconoce la importancia del comerciante en el país, por lo cual el gobierno estaba obligado a prestarles una fina atención, para proteger los intereses mercantiles e industriales de la República, para tomar todas las medidas económicas necesarias para lograrlo, y también con el fin de estimular la riqueza nacional.

Por lo tanto, se veían en la necesidad de crear órganos y dictar normas específicas que regularan los temas relacionados con el comercio. Por esa razón, el Presidente de la República, Don Porfirio Díaz, propuso al Congreso el establecimiento de las Cámaras de Comercio como una persona con "personalidad civil", y con reconocimiento estatal para "representar" los intereses comerciales más importantes de la Nación.

---

[48] Zermeño, Francisco T. Op. Cit. Págs. 42 y 43.

En la exposición de motivos se reconocía la existencia previa de las Cámaras de Comercio, pero creían que no obedecía al interés general, que sus acciones y objetivos eran privados, debido, según ellos, a que no existía ley que las regulara; y sobre todo porque se creía que esas Cámaras de Comercio no representaban al comercio nacional, pues no reunían a todos los interesados. Pero reconocían el derecho de las Cámaras de Comercio para seguir funcionamiento en el ámbito privado las que quisieran, pero paralelamente pensaron en poner en funcionamiento las Cámaras Nacionales de Comercio, las que tuvieron la función de unificar para un mayor control del poder Ejecutivo sobre ellas, un organismo de dirección del comerciante, y buscar, según ellos, la representación más completa de los intereses mercantiles de la República.

Precisaron en el primer título las funciones de las Cámaras Nacionales de Comercio; en el título segundo aclararon que las Cámaras tenían como principio la libre asociación, pero sólo de los comerciantes más importantes y respetables de esa época, los cuales podrían formar las Cámaras, con la previa aprobación del Poder Ejecutivo para su reconocimiento como persona y su funcionamiento. Tenían una rara visión de lo que era la libre asociación, pues en primer plano vemos que esa libertad sólo estaba reservada para la cúpula de los mercaderes ricos y prestigiados, en segundo plano, la decisión para la aprobación de las Cámaras estaba a cargo del Poder Ejecutivo, y él decía a quién aprobar, según sus intereses.

En la exposición de motivos establecieron claramente lo que no tenían por objeto las Cámaras Nacionales de Comercio: "No teniendo las Cámaras por objeto intervenir directamente en la industria ni obtener lucros, no necesitan de capital propio, ni es preciso que se les constituya en la forma que el Código de Comercio establece para las sociedades...".[49]

---

[49] IDEM.

Se entiende que las Cámaras Nacionales de Comercio no estaban sujetas a la legislación mercantil, ni tenían como objeto el lucro.

En el título tercero de la ley, se estableció la forma como las Cámaras se sostendrían económicamente. En el título cuarto, mencionaba la exención a las Cámaras para pagar impuestos por ciertas actividades.

En los títulos quinto y sexto se establecieron las funciones específicas de las Cámaras como los juicios arbitrales, a petición de las partes, en controversias mercantiles y controversias entre patrones y obreros; también funciones específicas en las liquidaciones extrajudiciales de negocios mercantiles. Finalmente en el séptimo título establecieron los casos de disolución de las Cámaras. En esta exposición de motivos se mencionaba la existencia de siete títulos, pero el proyecto de ley que acompañaba la exposición de motivos sólo contenía seis títulos.

b) Estructura de la Ley

Esta ley estaba compuesta por 6 Títulos, 27 artículos, y un sólo párrafo de disposiciones transitorias. Los Títulos son:

A. El primer Título llamado "De las Cámaras Nacionales de Comercio y de su constitución"; establecía las funciones que realizaba la Cámara de Comercio. Dentro de las funciones más sobresalientes estaban: representar[50] los intereses del comercio ante el Gobierno; interactuar con los comerciantes y Cámaras de Comercio locales y foráneas; promover la cultura en materia comercial; resolver controversias a petición de partes con el juicio de amigables componedores, o con la mediación amistosa o con arbitrajes. También se encargaban de las liquidaciones extrajudiciales y de

---

50 El comercio es una actividad lucrativa, no una persona, por lo tanto, no puede representar ni ser representado, en nuestro sistema jurídico no tiene personalidad.

elaborar una lista de peritos que intervenían en los procedimientos judiciales.

Una referencia digna de resaltar está ubicada en el artículo segundo:

> "Art. 2°. Las Cámaras Nacionales de Comercio serán constituidas por la asociación de los comerciantes establecidos en cada localidad. La Secretaría de Hacienda, teniendo en consideración las condiciones del lugar, fijará en el reglamento de esta ley el número mínimo de individuos que deban fundar cada Cámara, el cual será por lo menos de diez".

Establecieron que las Cámaras Nacionales de Comercio serían constituidas por las asociaciones de comerciantes ya existentes de cada localidad. Se entiende que cambiaron su regulación, del nivel local, al nivel federal para normarla de forma específica sin que dejaran de ser por naturaleza asociaciones.

Al respecto, existe el antecedente de la formación de la Cámara Nacional de Comercio de la Ciudad de México, la cual se apegó a la ley de 1908 en su estatuto PRIMERO: "Se establece en la Ciudad de México una Asociación con el nombre de Cámara de Comercio de la Ciudad de México, al amparo de la Ley de 12 de junio de 1908, con los antiguos socios de la Cámara de Comercio de México y las demás personas que ingresen a la Asociación con arreglo a los presentes Estatutos".[51]

Esta fue la primera Cámara en constituirse con apego a la ley de 1908.[52]

Además, el título establecía la formación de la Cámara, y marcaba los puntos fundamentales que debía contener el acta constitutiva; el establecimiento del estatuto y su contenido mínimo; la forma de admisión o exclusión de miembros a la Cámara, el establecimiento de la Junta Directiva compuesta como mínimo por un presidente, dos vocales, un tesorero y un secretario.

---

[51] Zermeño, Francisco T. Op. Cit. Pág. 33.

[52] IBÍDEM. Pág. 44.

Es claro, que las Cámaras de Comercio creadas al amparo de esta Ley fueron controladas por el Estado de forma permanente, incluso desde antes de su formación. Así lo vemos en el artículo 7° de la ley de 1908 al disponer que el acta constitutiva de la Cámara, y sus Estatutos (sic)[53] deberían ser aprobados por el Estado a través de la Secretaría de Hacienda del Poder Ejecutivo para su legal constitución como Cámara de Comercio:

> "Art. 7°. El acta constitutiva y los estatutos se someterán á la Secretaría de Hacienda, con los atestados necesarios, para que el Presidente de la República, según su prudente arbitrio, apruebe ó no la constitución de la Cámara. La aprobación se publicará en el Diario Oficial de la Federación".

B. En el segundo título llamado "De la personalidad civil y de los recursos pecuniarios de las Cámaras Nacionales de Comercio" se establece la naturaleza jurídica de las Cámaras Nacionales de Comercio, como lo establece textualmente el artículo 10°: "Las Cámaras Nacionales de Comercio tiene personalidad civil para celebrar los contratos directamente relacionados con el objeto de su institución...".[54]

La ley le otorgaba personalidad, la reconocía como una persona moral, y no solamente le daba "personalidad", sino "personalidad civil", lo que supone es una persona ajena al comercio, sin fines de lucro, que solamente se apegaba a sus funciones establecidas por el derecho civil.

Al ser persona la Cámara de Comercio, tenía atributos de personalidad:

a) Nombre: todas las Cámaras de Comercio debían tener un nombre, como obligadamente lo establece el artículo 4°, fracción tercera: "...Dicha acta (constitutiva de la Cámara

---

[53] Cabe mencionar que sólo tenían un estatuto y no varios como se podría desprender del uso del plural "Estatutos".

[54] *Véase Diario Oficial de los Estados Unidos Mexicanos, de fecha 12 de junio de 1908, número 37, tomo XCVI. Pág. 689-692.*

de Comercio) contendrá, necesariamente, las siguientes declaraciones: ... III. El nombre de la Cámara".

b) Nacionalidad: se consideraban mexicanas, por ser creadas las Cámaras bajo el amparo de las leyes mexicanas.

c) Patrimonio: el patrimonio pecuniario de la Cámara estaba constituido por las contribuciones de sus miembros; honorarios; y el cobro de derechos causados en juicios arbítrales, en mediaciones amistosas y en liquidaciones extrajudiciales; producto de sus publicaciones; producto de exposiciones y museos; donaciones y legados; y subsidios eventuales del Gobierno Federal, de los Estados y Municipios.[55]

d) Capacidad: la Cámara de Comercio adquiere su capacidad de goce y de ejercicio, al momento de ser constituida legalmente.

e) Domicilio: se establece en su artículo 4º fracción primera: "...Dicha acta (constitutiva de la Cámara de Comercio) contendrá, necesariamente, las siguientes declaraciones: I. El lugar y fecha de su otorgamiento...".

C. En el tercer título llamado "Franquicias y derechos de las Cámaras Nacionales de Comercio", se refiere a la exención fiscal que gozaban las Cámaras de Comercio en impuestos federales.

D. El cuarto llamado "De los arbitramentos seguidos ante las Cámaras Nacionales de Comercio", establecía las reglas del Juicio arbitral del que conocían las Cámaras de Comercio, así como las disposiciones a seguir para la mediación amistosa entre los trabajadores y patrones.

E. El quinto llamado "De las liquidaciones mercantiles hechas por las Cámaras Nacionales de Comercio", establecía que las Cámaras de Comercio dentro de sus funciones podían liquidar los negocios mercantiles a solicitud de los comerciantes, si así lo de-

---

55 Zermeño, Francisco T. Op. Cit. Pág. 29.

terminaba el estatuto de la Cámara. Está función se realizaba a través de una comisión determinada en el estatuto.

F. El Título sexto llamado "De la disolución de las Cámaras de Comercio", determinaba la duración indefinida de las Cámaras Nacionales de Comercio, y los casos de disolución: a) no cumplir con el número mínimo de miembros, el cual era de diez; b) cuando a juicio del Estado, a través del Poder Ejecutivo, consideraba que no cumplía con lo ordenado por la Ley de Cámaras Nacionales de Comercio (Art. 24), asimismo establecía su procedimiento a seguir. Esta disposición de la ley dejaba en evidencia el gran control que realizaba el Estado sobre las Cámaras de Comercio. Dejar en forma arbitraria la decisión al Estado a través del Poder Ejecutivo de determinar sí la Cámara se apegaba a los preceptos era una advertencia, la cual decía: "el que no se apegue a las órdenes del Presidente, será relegado".

Por último, en las disposiciones transitorias de la ley de las Cámaras Nacionales de Comercio del 12 de junio de 1908, se establecía la facultad que tenía el Poder Ejecutivo a través de la Secretaría de Hacienda de dictar todos los reglamentos necesarios para la exacta aplicación de la ley.

c) De los inicios de las Confederaciones

Durante la vigencia de esta ley, se vivió la Revolución Mexicana, pero aun así las Cámaras de Comercio siguieron en funcionamiento con las dificultades y contingencias del contexto. En 1917 el gobierno tenía necesidad de estabilidad, y una de las medidas fue celebrar un Primer Congreso Nacional de Comerciantes. Inició cuando el gobierno a través de su Secretario de Industria y Comercio exhortó a la Cámara Nacional de Comercio de la Ciudad de México a organizar el Congreso con el patrocinio de la Secretaría; la invitación fue aceptada.

Así, el 22 de octubre de 1917 se presentaron las bases constitutivas de la Confederación de Cámaras de Comercio de los Estados

Unidos Mexicanos, y su objeto quedó plasmado en el Acta Constitutiva, siendo éstas las más importantes[56]:

a) Representar a las Cámaras de Comercio de toda la República, impulsar el desarrollo mercantil del país, y realizar algunas funciones correspondientes a las Cámaras como defensora y reguladora del comercio en sus localidades.

b) Dar su opinión a las autoridades antes de que celebraran tratados o expidieran leyes, decretos, reglamentos y aranceles que afectaran a la actividad comercial nacional.

c) Controlar el alza de los precios de productos de primera necesidad.

d) Promover el desarrollo del comercio interior y exterior.

e) Realizar un Congreso de Comerciantes y de otros gremios de significación económica.

f) Establecer y mantener la coordinación con las Cámaras de Comercio, y provocar entre ellas la cohesión, y la solidaridad en beneficio del país.

En aquella época de conflictos, incomunicación y poca coordinación en el país, se necesitaba un mecanismo que aglutinara a todas las Cámaras de Comercio del país, y ese mecanismo era la Confederación, como puente de colaboración entre las Cámaras y el gobierno, pero una vez superados los problemas contra los que luchaba la Confederación se volvió un armatoste.

En 1926 existían 97 Cámaras, (8 de industrias, 18 mixtas —comercio e industria—, una de agricultura, y el resto Cámaras de comercio).

d) Característica de la Ley

1. Estableció la creación de las Cámaras Nacionales de Comercio como el único medio para que las asociaciones de comer-

---

56 IBÍDEM. Págs. 303-304.

ciantes ya existentes tuvieran una comunicación formal con el gobierno a cambio de restricciones. El Estado revisaba sus estatutos para aprobarlos (Art. 6), fijaba los aranceles sobre derechos y honorarios que podía cobrar la Cámara (Art. 12), tenía facultades para revisar su administración cuando recibía subsidio del Gobierno (Art. 13), y la más importante, podía disolverlas cuando a su "juicio" no cumplieran con lo establecido por la ley (Art. 24). Estaban atadas hasta el cuello.

Por ello, se deduce que la ley tenía como uno de sus fines el aglutinar y controlar la gran fuerza social, política y económica que tenían los comerciantes asociados a principios del siglo XX, con la complicidad de los líderes de las Cámaras, a pesar de la oposición de algunos de sus miembros.

2. Asimismo, se les confirieron funciones exclusivas, como la promoción y procuración oficial de la cultura de la actividad comercial.

3. Otro punto digno de resaltar es la no existencia de Confederaciones en la ley, sólo existían Cámaras Nacionales de Comercio.

4. El medio de atención del Estado a las Cámaras de Comercio se daba a través de la Secretaria de Hacienda del Poder Ejecutivo Federal. Actualmente es a través de la Secretaría de Economía.

5. Aunque se llamaba Cámara de Comercio y los miembros eran comerciantes, algunas Cámaras admitían a personas con otra calidad, como se aprecia en el Capítulo segundo del estatuto de la Cámara de Comercio de la Ciudad de México, en donde establecía los requisitos para ser socio: "1o. Ser comerciante, banquero o industrial establecido o que sin tener establecimiento abierto sea persona interesada directa o indirectamente, en asuntos comerciales o industriales".[57]

---

[57] IBÍDEM. Pág. 35.

2. LEY DE CÁMARAS DE COMERCIO E INDUSTRIA DEL 27 DE AGOSTO DE 1936[58]

Esta Ley tiene como antecedente y fundamento legal el decreto en que se le otorgaron facultades al Poder Ejecutivo Federal, de diciembre de 1935 al 31 de agosto de 1936, para que pudiera legislar en materia de Comercio, Minas, Petróleo, Industria eléctrica; para reformar la Ley de Pesas y Medidas y la Ley Orgánica del artículo 28 constitucional como muestra a continuación:

> "El Congreso de los Estados Unidos Mexicanos
>
> "DECRETA.
>
> "Art. 1°.—Se conceden al Ejecutivo Federal facultades extraordinarias hasta el 31 de agosto de 1936 para legislar en materia de comercio, en materia de minas, en materia de petróleo, en materia de industria eléctrica; para reformar la Ley de Pesas y Medidas y la Ley Orgánica del artículo 28 Constitucional.
>
> "Art. 2°.—El Ejecutivo Federal dará cuenta al Congreso de la Unión del uso que hiciere de las facultades que se le otorgan".

Esto sucedió porque se tenía la necesidad de agilizar la regulación sobre esas materias, y el Congreso no podía llevarlo a cabo en un breve lapso. El Ejecutivo Federal quedó obligado a dar cuentas del uso de esas facultades extraordinarias al Congreso.

Existe una gran incongruencia pues el Poder Ejecutivo Federal tenía facultades para legislar en materia de Comercio, pero no de Cámaras de Comercio. En esa ley de 1936, las Cámaras no tienen la calidad de comerciante, tampoco realizaban actos de comercio, ni tenían por objeto el lucro; entonces no había motivo ni razón para que fueran reguladas por el Poder Ejecutivo Federal. Reguló más allá de lo permitido, tal vez por la confusión de llamarse "Cámara de Comercio", y pensó el Ejecutivo Federal que era co-

---

58 *Véase* Diario Oficial de los Estados Unidos Mexicanos, Sección primera, número 50, tomo XCVII, del día jueves 27 de agosto de 1936. *Págs. 2 y 7.*

merciante. Extendiéndose en consecuencia en las facultades conferidas por el decreto indicado.

a) Exposición de motivos de la Ley de Cámaras de Comercio e Industria del 27 de agosto de 1936[59]

Fue creada bajo siete motivos, el primero se refería a la naturaleza jurídica de las Cámaras y de las Confederaciones con "carácter público" pero sin ser una "Institución pública" ni "Institución privada", situada en un punto intermedio, ni en manos del gobierno, ni en manos de la iniciativa privada, sino en ambas, en tono de colaboración.

En el segundo motivo, explicaba la consecuencia de la naturaleza jurídica de las Cámaras y de las Confederaciones, y la función de colaboración con el Estado en materia de industria y de comercio.

En el tercer motivo, establecía una medida muy polémica —que actualmente quedó en desuso— la obligación de inscribirse a la Cámara, lo que justificaban al argumentar que las funciones de las Cámaras y de las Confederaciones traían un beneficio general para el comercio y la industria, por lo cual, se debía contribuir al sostenimiento de quien los beneficiaba. Sólo quedaba en voluntad propia el asociarse a la Cámara al comerciante o industrial que tuviera un capital inferior al mínimo señalado por la ley.

En el cuarto motivo, justificaba la creación de Cámaras en donde fueren incluyentes con los comerciantes e industriales en pequeño.

En el quinto motivo, justificaba la creación de una nueva ley, al mencionar que no sólo se podía dar beneficios en lo general a los asociados, sino también en lo individual por medio de servicio

---

59 *Véase, Diario Oficial de la Federación. Tomo XCVII. Número 50. De fecha 27 de agosto de 1936.*

médico, servicio jurídico, caja de ahorros y préstamo, sistema de descuento en compras, entre otros beneficios.

En el sexto motivo, se mencionaba la inconveniencia de la existencia de un reglamento general, pues ante la diversidad económica, social y geográfica del país sería imposible normar todas las hipótesis y necesidades.

En el séptimo motivo se exponía que a pesar de la existencia de la división departamentaria para la industria dentro de la Confederación Nacional de Cámaras e Industria, establecía la posibilidad de la existencia de la Confederación de Cámaras Industriales cuando el desarrollo creciente de la industria fuera muy grande.

b) Estructura de la Ley

Integrada la ley por 9 capítulos, 43 artículos y 5 fracciones de disposiciones transitorias. Los capítulos llevaban por nombre:

A. Capítulo primero: "De las Cámaras de Comercio e Industria". Establecía la naturaleza jurídica de las Cámaras de Comercio e Industria en su primer artículo: "...son instituciones autónomas de carácter público y con personalidad jurídica, integradas por comerciantes e industriales residentes en la República, para los fines que esta Ley establece".

La ley atribuía a las Cámaras autonomía; remarcaba la importancia pública e incorporaba a los industriales a la Cámara.

También establecía las reglas para determinar la jurisdicción y domicilio de las Cámaras, asimismo la exclusividad para el uso de la denominación "Cámaras de Comercio e Industria". Algo digno de resaltar es que las Cámaras de Comercio e Industria extranjeras eran consideradas con carácter de privadas.

B. Capítulo segundo: "Objeto de las Cámaras de Comercio e Industria". Marcaba de forma corta y enunciativa el objeto de la Cámara: representar los intereses generales del comercio y de la industria, fomentar el desarrollo del comercio y de la industria, coadyuvar a la defensa de los intereses particulares de los asociados, prestar los servicios respectivos a los miembros de la Cámara y ser órgano (sic) colaborador del Estado.

C. Capítulo tercero: "Constitución y funcionamiento de las Cámaras". Establecía cuales comerciantes o industriales estaban obligados a inscribirse en el Registro Nacional de Comerciantes; quienes podían ser socios de la Cámara, al tomar en cuenta el monto de su capital comercial o industrial, y sí era menor al establecido, no estaban obligados a inscribirse, pero sí lo deseaban podían hacerlo.

El registro lo realizaban las Cámaras como requisito indispensable para ejercer el comercio y la industria.

También contenía los requisitos para establecer una Cámara: que en el lugar donde se pretendía establecer tuviera una importancia comercial o industrial, que no existiera otra Cámara en ese mismo lugar, que lo solicitara un grupo de comerciantes o industriales, y por último, que la Secretaría de la Economía Nacional aprobara el Estatuto y autorizara el funcionamiento. Asimismo establecía los órganos de administración de la Cámara: a) la Asamblea General, con sus tipos de sesiones y facultades y, b) el Consejo Directivo, con sus respectivas reglas y facultades, entre las facultades más sobresalientes estaban: representar a la Cámara, llevar la contabilidad de la Cámara, llevar el registro de los comerciantes, reunir datos para informar sobre el estado de la economía nacional, y buscar las soluciones a los problemas económicos, ayudar al fomento del turismo internacional, impulsar la cultura en materia comercial, establecer relaciones con los mercados de consumo extranjeros, defender al mercado nacional de importaciones ventajosas.

D. Capítulo cuarto: Este capítulo no existió en la ley, pues del capítulo tercero se pasó al quinto, pero la numeración progresiva de los artículos estaba continua. Seguramente fue un error "de dedo", lo que deja pensar que no fue revisado con cuidado porque se tenía prisa para expedir la ley.

E. Capítulo quinto: "De la Confederación de Cámaras de Comercio e Industria". Establecía la creación de una nueva figura, la cual tenía como objeto principal representar a las Cámaras de Comercio e Industria, la cual fue llamada Confederación de Cámaras de Comercio e Industria, y su naturaleza jurídica fue: "Artículo 21.—La Confederación de Cámaras de Comercio e Industria es una institución autónoma, de carácter público, con personalidad jurídica, representativa de las Cámaras de Comercio e Industria...".

Asimismo, el legislador plasmó en la ley los órganos administrativos de la Confederación: la Asamblea general, los Departamentos especializados, la Directiva de los Departamentos especializados, el Consejo Directivo, y el Comité Ejecutivo con sus respectivas facultades.

F. Capítulo sexto: "De las Cámaras de Comercio e Industria constituidas por mexicanos en el extranjero". Establecía la posibilidad de ingreso a la Confederación y a las Cámaras de Comercio e Industria formadas por mexicanos en el extranjero, estas Cámaras las consideraba como agentes y representantes de la Conferencia Nacional de Cámaras de Comercio e Industria del país donde se encontraban.

G. Capítulo séptimo: "De los socios". Establecía quienes se consideraban como socios de las Cámaras de Comercio e Industria y los tipos de socios que existían. La Cámara podía admitir a personas que sin tener calidad de comerciantes o industriales deseaban disfrutar de los beneficios como socio, con el pago de sus respectivas cuotas, pero estas personas no tenían poder de decisión en el gobierno de la Cámara.

H. Capítulo octavo: "De los Estatutos de las Cámaras". Según la ley, la elaboración sería libre y sólo proporcionaba los puntos fundamentales en 16 fracciones, que debían de contener el estatuto, las más sobresalientes eran: establecer la jurisdicción y domicilio de la Cámara, determinar el monto de la cuota del registro anual y periódicas, establecer el servicio médico y jurídico, fijar el porcentaje sobre los ingresos anuales para contribuir al sostenimiento de las Confederaciones, señalar en el Registro Nacional de Comercio e Industria la nacionalidad del socio, así como su capital comercial, domicilio y actividad específica.

El Estatuto de las Cámaras de Comercio e Industria y el de la Confederación eran aprobados por la Secretaría de la Economía Nacional.

I. Capítulo noveno: "Disolución y liquidación de las Cámaras y Confederaciones". Establecía las posibilidades y el procedimiento para la disolución de una Cámara de Comercio e Industria por iniciativa de la Cámara, el cual consistía en avisar a la Confederación y a la Secretaría de la Economía Nacional los motivos de tal disolución y posteriormente ésta resolvía. También procedía la disolución por iniciativa de la Secretaría de la Economía Nacional, cuando la Cámara o la Confederación no se apegaban a la ley.

Las disposiciones transitorias de la ley eran cinco y establecían: la entrada en vigor de la ley al día siguiente de su publicación en el "Diario Oficial"; la abrogación de la ley del 12 de junio de 1908; se reconocía a la Confederación Nacional de Cámaras de Comercio de los Estados Unidos Mexicanos y a las Cámaras Nacionales de Comercio ya existentes, sólo debían cubrir un requisito para quedar definitivamente reconocidas, que sus Estatutos fueran aprobados por la Secretaría de la Economía Nacional; y las Cámaras que no se apegaban a la ley debían ser liquidadas.

c) Características de la Ley

Les volvió a otorgar personalidad a las Cámaras de Comercio e Industria (Art. 1°); además les atribuía el carácter de órganos de colaboración del Estado (Art. 4°).

Reconoció a la Confederación de Cámaras de Comercio (Art. 21) y a la posibilidad de reconocer a la Confederación de Cámaras Industriales (Art. 22) que ya existían desde 1917 y 1918, respectivamente.[60]

Había duplicidad del objeto (Art. 24°) tanto las Cámaras como la Confederación tenían el mismo objeto porque así lo establecía

60 Zermeño, Francisco T. Op. Cit. Pág. 45.

el artículo 4º. El único objeto exclusivo de la Confederación era representar a las Cámaras.

La Secretaría de la Economía Nacional tenía la gran facultad de interpretar los preceptos de esta ley, lo cual traía implícito un mayor control (Art. 43).

A los miembros de las Cámaras de Comercio e Industria se les denominaba socios registrados, activos o afiliados, y no asociados, como se hacía en la ley anterior. Por ende se entiende que las Cámaras fueron reconocidas como sociedades, y ya no como asociaciones, ya que una asociación está constituida por asociados y no por socios, a menos que haya existido negligencia al denominarles "socios", sin ninguna reflexión al respecto.

Las Cámaras tenían la facultad de soportar y controlar el padrón del "Registro Nacional de Comercio e Industria", tal registro tenía el carácter de obligatorio para todos los comerciantes. Era requisito indispensable para ejercer el comercio y la industria tal registro, el cual era un claro ejemplo de la violación a las garantías constitucionales.

3. LEY DE LAS CÁMARAS DE COMERCIO Y DE LAS DE INDUSTRIA DEL 26 DE AGOSTO DE 1941[61]

Esta fue la tercera ley reguladora de Cámaras en los Estados Unidos Mexicanos, la cual tuvo siete reformas.

a) *Exposición de motivos[62] de la Ley de las Cámaras de Comercio y de las de Industria del 26 de agosto de 1941*

Muchos fueron los puntos que cambiaron de la ley anterior, siendo los más importantes: a) La creación de nuevas Cámaras integradas por pequeños comerciantes, e industrias varias, para

---

61 *Véase Diario Oficial de los Estados Unidos Mexicanos, de fecha martes 26 de agosto de 1941, número 49, tomo CXXVII. Pág. 4-7.*

62 Zermeño, Francisco T. Op. Cit. Pág. 97-102.

que el gobierno también tuviera control sobre ellos; b) Pretender absurdamente sostener que las Cámaras no estaban fundadas en el principio de asociación con la intención de justificar la inscripción obligatoria y de esta manera aparentar no violentar el principio de libre asociación;[63] c) Dar una mayor intervención del gobierno, y así, otorgar a la Secretaría de la Economía Nacional la facultad de nombrar un representante que formará parte del Consejo Directivo de las diversas Cámaras, y además, convocar a las asambleas generales extraordinarias, entre otras facultades, que recaían sobre la administración de la Cámara.

b) Estructura de la Ley

Estructurada por seis capítulos, treinta artículos, y dos artículos transitorios. Los capítulos llevaban por nombre:

A. Capítulo primero: "Disposiciones generales". Establecía la naturaleza jurídica que les otorgaba esta ley (Artículo 1°), de esta manera: "Las Cámaras de Comercio y las de Industria son instituciones públicas, autónomas, con personalidad jurídica...".

La definición de la naturaleza jurídica de las Cámaras era muy ambigua, y tuvo que ser aclarada en 1995 —casi al concluir la vigencia de la ley—, por el Poder Judicial de la Federación con el carácter de tesis asilada,[64] bajo el rubro "Naturaleza jurídica de

---

63 IBÍDEM. Págs. 99-100.

64 El Tribunal Pleno en su sesión privada celebrada el tres de octubre en curso (1995), por unanimidad de once votos de los ministros: presidente José Vicente Aguinaco Alemán, Sergio Salvador Aguirre Anguiano, Mariano Azuela Güitrón, Juventino V. Castro y Castro, Juan Díaz Romero, Genaro David Góngora Pimentel, José de Jesús Gudiño Pelayo, Guillermo I. Ortiz Mayagoitia, Humberto Román Palacios, Olga María Sánchez Cordero y Juan N. Silva Meza; aprobó, con el número LXVI/95 (9a.) la tesis que antecede; y determinó que la votación es idónea para integrar tesis de jurisprudencia. México, Distrito Federal, a tres de octubre de mil novecientos noventa y cinco.

las Cámaras de Comercio y de las de Industria"[65] y fueron consideradas como un organismo público autónomo, lo determinaron en función de la defensa, coordinación, representación, y promoción que realizaban las Cámaras en el comercio e industria, y además por fungir como entidad de enlace entre los miembros de la Cámara y la administración pública federal. Sin embargo, la denominación que el legislador les dio como públicas y autónomas, no les identificaba como organismos descentralizados de la administración pública federal al no tener su origen en una ley del Poder Legislativo o en un decreto del Poder Ejecutivo sino surgieron de la voluntad de un grupo determinado de comerciantes o industriales organizados para defender sus intereses; por lo tanto, fueron considerados como organismos públicos no estatales.

También en el primer capítulo se plasmó, la fijación del domicilio y la jurisdicción de las Cámaras de Comercio y de las de Industria, así como la exclusividad de la denominación "Cámara de Comercio" y "Cámara de Industria", a las personas morales creadas conforme a esa ley.

B. Capítulo segundo: "Del objeto de las Cámaras de Comercio y de las de Industria". Establecía el objeto de la Cámara de Comercio numerado en siete fracciones, las sobresalientes fueron: representar los intereses generales del comercio e industria; fomentar el desarrollo del comercio y de la industria; defender los intereses particulares de los comerciantes y de los industriales, asimismo prestarles servicios; ser órgano de consulta del estado en materia comercial e industrial; actuar como árbitro o arbitradores en los conflictos entre comerciantes e industriales registrados; desempeñar la sindicatura en las quiebras de comerciantes o industriales registrados, entre otras, que la ley o el estatuto de cada Cámara marcaban.

---

65 Tesis aislada, Novena época, Instancia: Pleno, Fuente: Semanario Judicial de la Federación y su Gaceta, Tomo: II, Octubre de 1995, Página: 76. "Cámaras de comercio y de las de Industria. Naturaleza jurídica de las".

C. Capítulo tercero, llamado "De la constitución, funcionamiento y registros de las Cámaras". Estableció: la obligación para los comerciantes e industriales que debían inscribirse anualmente en el registro especial, asimismo determinó los diferentes tipos de miembros que había, los activos y los afiliados; los derechos de los industriales y comerciantes registrados; los requisitos para la creación de una Cámara; la aprobación de la constitución y funcionamiento de una Cámara de pequeños comerciantes; marcaba los órganos de administración de las Cámaras, su funcionamiento, facultades y obligaciones.

En otros países, también se contempló a lo largo de su historia la obligatoriedad del registro: Colombia en su ley de 1931; Honduras en su ley de 1946; y Nicaragua en su ley de 1934.[66]

Por tesis de jurisprudencia[67] se estableció que esta ley violaba a la Constitución Política de los Estados Unidos Mexicanos en su artículo 5°, referente a la libertad de asociación de las personas, ya que al crear a una persona moral y que ésta encuadrara en la hipótesis de la ley de Cámaras, los comerciantes tenían la obligación de inscribirse en la Cámara correspondiente en el plazo marcado, de lo contrario serían sancionados. Por lo tanto violaba

---

[66] Zermeño, Francisco T. Op. Cit. Págs. 118 y 119.

[67] Tipo de documento: Jurisprudencia, Novena época, Instancia: Pleno, Fuente: Semanario, Judicial de la Federación y su Gaceta, Tomo: II, Octubre de 1995, Página: 5. Cámaras de comercio e industria, afiliación obligatoria. el artículo 5o. de la ley de la materia viola la libertad de asociación establecida por el artículo 9o. Constitucional. El Tribunal Pleno en su sesión privada celebrada el cinco de octubre en curso, por unanimidad de once votos de los ministros: presidente José Vicente Aguinaco Alemán, Sergio Salvador Aguirre Anguiano, Mariano Azuela Güitrón, Juventino V. Castro y Castro, Juan Díaz Romero, Genaro David Góngora Pimentel, José de Jesús Gudiño Pelayo, Guillermo I. Ortiz Mayagoitia, Humberto Román Palacios, Olga María Sánchez Cordero y Juan N. Silva Meza; aprobó, con el número 28/1995 (9a.) la tesis de jurisprudencia que antecede; y determinó que las votaciones de los precedentes son idóneas para integrarla. México, Distrito Federal, a cinco de octubre de mil novecientos noventa y cinco.

el derecho de no asociarse, al obligar a los comerciantes e industriales a inscribirse.

Sirvieron de precedentes a la tesis de jurisprudencia las amparos en revisión; 1.2069/91, de Manuel García Martínez, de 30 de junio de 1992; el amparo en revisión de María Gloria Vázquez Tinoco, de 8 de septiembre de 1992; el amparo en revisión 3.2105/91, de Dagoberto Nájera Cortés, de 20 de abril de 1993; 4.338/94, de Ángel Balderas Sánchez, de 8 de agosto de 1995; y el amparo en revisión 5.1556/94, de B y B Iluminación, S. A. de C. V. de 8 de agosto de 1995.[68]

En este mismo capítulo, un punto importante digno de resaltar, es el gran derecho que le atribuyeron a la Secretaría de la Economía Nacional al poder vetar con una resolución motivada los acuerdos de una Cámara que a su consideración perturbarían el orden público o causarán perjuicios graves al bien común.

D. Capítulo cuarto, llamado "De las Confederaciones de Cámaras de Comercio y de Industria". Establecía la naturaleza jurídica de las Confederaciones (Artículo 23): "La Confederación de Cámaras de Comercio y la Confederación de Cámaras de Industria son Instituciones públicas, autónomas, con personalidad jurídica que se integran en los términos de esta ley, con representantes de las Cámaras de Comercio y de las Cámaras de Industria...".

Asimismo, determinaba: su domicilio y la contribución que debían hacer las Cámaras de Comercio e Industria para el sostenimiento de la Confederación a la que pertenecían, que era el quince por ciento de sus ingresos como mínimo; y sus órganos de administración, sus funciones, facultades y obligaciones.

E. Capítulo quinto, llamado "De los Estatutos de las Cámaras y de las Confederaciones". Determinaba los elementos mínimos que debían contener los estatutos como: el domicilio de la Cáma-

---

68 UNAM-Instituto de Investigaciones Jurídicas. "*Revista de Derecho Privado*". Serie Jurídica. Año 7, número 19. Enero-Abril 1996. McGreaw-Hill. México. Pág. 186.

ra; facultades del Presidente del Consejo Directivo; la forma de constituir las Delegaciones; del funcionamiento y organización de la Cámara; la determinación del porcentaje para el sostenimiento de la Confederación respectiva; y el procedimiento de la disolución. Cualquier modificación al Estatuto debía ser aprobado por la Secretaría de la Economía Nacional.

F. Capítulo sexto, llamado "De la disolución y liquidación de las Cámaras". Establecía las causas y la forma para la disolución de las Cámaras de Comercio y las de Industria. El remanente de la liquidación se destinaba al sostenimiento de la Confederación respectiva y no como anteriormente se establecía a la Beneficencia Pública del Estado.

En las disposiciones transitorias se establecía que las Cámaras constituidas con anterioridad a la ley se sujetarían a ésta, y someterían sus Estatutos a la aprobación de la Secretaría de la Economía Nacional. También determinaba la entrada en vigor de la ley al décimo día de su publicación en el Diario Oficial de la Federación. No decía en sus disposiciones transitorias de forma textual que esta ley abrogaba a la anterior, pero en el entendido del principio "que la ley nueva abroga a la anterior" se podría entender que así fue.

Durante la vigencia de esta ley existieron controversias sobre la creación de nuevas Cámaras, una de ellas fue el de la "Unión de Propietarios de Peluquerías y Salones de Belleza" para la constitución de la Cámara Nacional de la Industria del Embellecimiento Físico, al dar la Secretaría de la Economía su negativa, se promovió un juicio de amparo y ante la favorable sentencia y su posterior confirmación en la revisión respectiva, la Secretaría de Economía le tuvo que otorgar la autorización para la constitución y funcionamiento de la Cámara. Igual suerte tuvo el Departamento Especializado de Panificación para crear la Cámara Nacional de la Industria Panificadora y Similares, asimismo, el grupo de propietarios de farmacias y boticas tuvieron el mismo problema para crear la Cámara Nacional de la Industria Farmacéutica, entre otros casos. Este fenómeno se dio por ambigüedades en la ley y la mala aplicación de ésta por parte de la Secretaría de la Economía Nacional.

El motivo fundamental para la oposición de nuevas Cámaras era su creciente número, lo que traería como consecuencia que los miembros de cada una de ellas disminuiría así como sus cuotas, lo que provocaría el imposible sostenimiento de la Cámara o el encarecimiento de las cuotas.[69]

c) Características de la Ley

Es la ley que mayor tiempo ha estado en vigor con 55 años.

Establecía la obligatoriedad de los comerciantes e industriales que caían en la hipótesis de la ley para inscribirse en la Cámara correspondiente, aunque después por jurisprudencia en 1995, se dejó en desuso tal disposición por ser violatoria del artículo 9° de la Constitución Política de los Estados Unidos Mexicanos en lo referente a la libertad de asociación.

Existía duplicidad del objeto pues en el artículo 24 de la ley establecía que la Confederación tendría el mismo objeto que la Cámara.

Las disposiciones transitorias no abrogaban la anterior ley, por lo que las anteriores que no se oponían a la nueva quedaron vigentes.

4. LEY DE CÁMARAS EMPRESARIALES Y SUS CONFEDERACIONES DEL 20 DE DICIEMBRE DE 1996[70]

Se publicó la cuarta ley encargada de regular a las Cámaras y a las Confederaciones en el Diario Oficial de la Federación.

---

[69] Zermeño, Francisco T. Op. Cit. Págs. 156-169.

[70] *Véase Diario Oficial de la Federación de Los Estados Unidos Mexicanos, de fecha viernes 20 de diciembre de 1996, número 15, tomo XXIX. Págs. 41-48.*

a) Su proceso legislativo

La base de esta ley fue la iniciativa presentada por el Poder Ejecutivo,[71] en donde buscaba unificar al sector empresarial, ampliar la representatividad de las Cámaras, pero primordialmente era cambiar el artículo 5° de la ley de 1941, en donde hacía obligatoria la asociación de los empresarios a la Cámara; con relación a lo anterior, los ministros de la Suprema Corte de Justicia de la Nación se habían pronunciado al respecto, determinando que ese artículo era violatorio de la libertad de asociación.

Fundamentalmente la creación de la nueva ley de 1996 tuvo por objeto borrar ese artículo violatorio a la libertad de asociación, y crear el Sistema de Información Empresarial Mexicano (SIEM).

Con algunas pequeñas modificaciones hechas a la iniciativa presentada por el Ejecutivo, las unidas Comisiones de Comercio y de Patrimonio y Fomento Industrial pasaron a debate el proyecto. Uno de los temas principales del debate[72] para la aprobación de la ley de 1996 fue tratar de orientar la ley hacia la libertad de asociación. Aunque, hay quien pensó que no era una total libertad, sino una a medias, pues a fin de cuentas los empresarios tenían que recurrir a las Cámaras de forma obligatoria, al tener que registrarse en el SIEM ante ellas.

En el debate se tildó a las Cámaras de Comercio de corporaciones subordinadas y controladas por el gobierno, ya que las Cámaras sólo fungían como un instrumento de defensa de los intereses de las poderosas cúpulas empresariales. Además, se afirmó que estas figuras servían de trampolín político.

Criticaron de inútil al SIEM, pues duplicaba los sistemas de información ya existentes, y sólo tenía como objetivo ser una carga adicional de cuotas a los empresarios. Duplicó y duplica funciones con

71 Gaceta parlamentaria. Año III. No. 26 Noviembre 13, 1996.

72 Gaceta parlamentaria Año III. No. 36. Diciembre 5, 1996.

el Instituto Nacional de Estadística Geografía e Informática, con el Registro de Contribuyentes de la SHCP, con el registro del IMSS, del INFONAVIT y de los registros del entonces Gobierno del Distrito Federal.

Consideraron equiparable las cuotas del SIEM a las cuotas por la afiliación obligatoria que anteriormente se manejaba, porque de cualquier manera los empresarios hacían un gasto y recurrían a las Cámaras de forma obligatoria.

Criticaron al SIEM de ambiguo, pues no se establecía claramente en la ley la información que se recopilaría, ni la cuota a cubrir.

Se habló de la violación de la libertad de asociación de las Cámaras, pues tenían la obligación de unirse a una Confederación determinada.

Se debatió sobre la injerencia de la Secretaría de Economía en la organización interna de las Cámaras.

Básicamente quien estuvo a favor de la aprobación de la Ley fueron el PAN, conjuntamente con el PRI, y se opusieron el PT y el PRD a la creación de la ley.

En la Cámara de Senadores[73] también fue tildada de ser una ley corporativista, pero el tema central fue la inclusión participativa del sector turístico en la ley, y las ventajas de aglutinar a los empresarios del sector turístico en Cámaras propias. Se aprobó con 92 votos a favor del proyecto, un voto en contra y tres abstenciones.

b) Estructura de la Ley

Formada por seis títulos, 41 artículos, con 8 disposiciones transitorias. Los títulos llevaron por nombre:

---

[73] Diario 32. Fecha Dic 02, 2004. Legislatura LIX. Año II. Período Primer Período Ordinario. Fecha Dic 02, 2004. PROYECTO DE LEY DE CAMARAS EMPRESARIALES Y SUS CONFEDERACIONES. Versión electrónica.

Título primero: "Disposiciones generales". Establecía a quiénes regularía; conceptos básicos para la interpretación de la ley, aunque la facultad de interpretación para efectos administrativos correspondía al Poder Ejecutivo; marcaba las prohibiciones de las Cámaras como: no tener fines de lucro, no realizar actividades partidistas, ni políticas; también establecía las atribuciones de la Secretaria de Comercio y Fomento Industrial con relación a las Cámaras. Asimismo estableció la naturaleza jurídica de las figuras a las que normaba: "Artículo 4º Las Cámaras y sus Confederaciones son instituciones de interés público, autónomas, con personalidad jurídica y patrimonio propios...".

Título segundo: "De la circunscripción, actividades, giros y regiones". Establecía la existencia de las Cámaras de Comercio con circunscripción regional, y las Cámaras de Industria que podían ser específicas o genéricas con una circunscripción regional o nacional.

Título tercero: "Del objeto y organización de Cámaras y sus Confederaciones". Este título a su vez se dividía en capítulos. El primero llamado "Del objeto" y establecía el objeto de las Cámaras: representar y defender los intereses generales de los comerciantes o industriales, ser organismo de consulta y colaborar con el Estado, defender los intereses de las empresas afiliadas, operar el Sistema de Información Empresarial Mexicano, actuar como árbitro, perito o síndico. También establecía el objeto de las Confederaciones, entre lo importante: tener con instituciones afines en el extranjero relaciones de colaboración, y coadyuvar para la unión de las Cámaras.

En el Capítulo segundo, llamado "De la constitución", determinaba los requisitos para la constitución de una Cámara y el procedimiento.

En el Capítulo tercero, llamado "De los estatutos y de los derechos y obligaciones", contenía la forma y los elementos mínimos que debían tener los estatutos de las Cámaras y de las Confederaciones; los derechos y obligaciones de los afiliados de las Cámaras;

los derechos y obligaciones de las Cámaras ante las Confederaciones.

En el Capítulo cuarto, llamado "De la asamblea general", determinaba como órgano supremo de las Cámaras y Confederaciones a la Asamblea General, y establecía sus atribuciones y tiempos para sesionar.

En el Capítulo quinto, llamado "Del Consejo Directivo y de los funcionarios", establecía al Consejo Directivo como órgano ejecutivo de las Cámaras y Confederaciones, además mencionaba sus atribuciones y la forma de integración.

En el Capítulo sexto, llamado "Del patrimonio de las Cámaras y sus Confederaciones" determinaba su patrimonio y el destino de éste.

D. Título cuarto: "Del Sistema de Información Empresarial Mexicano". Determinaba el establecimiento del SIEM —como instrumento recopilador de información de las empresas—, a cargo de la Secretaría de Economía, asimismo establecía sus fines, medios, sujetos y tiempos para realizarlo. La actividad de recopilación de información también la podían realizar las Cámaras que lo solicitarán y autorizará la Secretaría de Economía.

E. Título quinto: "Disolución y liquidación de las Cámaras". Establecía las causas de disolución y la forma para realizarla.

F. Título sexto: "Sanciones". Determinaba los supuestos en que la Secretaría de Economía impondría amonestaciones, multas y otras medidas.

En las disposiciones transitorias estableció textualmente la abrogación de la ley anterior, así como de sus reformas y adicciones.

c) Características de la Ley

Las Cámaras y las Confederaciones tenían objetos similares y en otros casos idénticos, como sucedió en leyes anteriores; aunque en esta ley se cuidó que las Confederaciones tuvieran algunos objetivos exclusivos.

La afiliación a las Cámaras ya no era acto obligatorio a todo empresario como se estableció en leyes anteriores, sino se volvió un acto voluntario (Art. 17), con la aclaración de que la obligación de proporcionar información al SIEM no implicaba tener calidad de afiliado a las Cámaras (Art. 30).

Ni ésta ni las anteriores leyes, tuvieron reglamento, a pesar de ordenarlo la propia ley.[74]

Después de estas cuatro leyes del siglo XX, apareció una nueva legislación sobre la materia, la cual fue publicada en 2005, la cual se estudia más adelante.

---

[74] Información proporcionada por la Lic. Alejandra Robles Rascón, Jefa de Departamento de Cámaras de Comercio de la Secretaría de Economía del órgano ejecutivo, en respuesta a las consultas de 19 de enero de 2006 y 17 de enero de 2007, realizada vía correo electrónico. Véase Apéndice número tres.

Introducción del Apartado de Cámaras Empresariales

En el presente apartado se estudia a las Cámaras y sus Confederaciones como asociaciones, según su naturaleza jurídica, la legislación y la doctrina.

El estudio va desde el punto de vista legal y con criterios de la Suprema Corte de Justicia de la Nación.

Para el análisis de la naturaleza jurídica se consultó la Ley de las Cámaras Nacionales de Comercio de 1908, Ley de Cámaras de Comercio e Industria de 1936, Ley de las Cámaras de Comercio y de las de Industria de 1941, Ley de Cámaras Empresariales y sus Confederaciones de 1996 y la Ley de Cámaras Empresariales y sus Confederaciones del 2005.

Se da un vistazo a la Cámara como órgano, organismo y su relación con el corporativismo.

El Sistema de Información Empresarial Mexicano es una figura que sobresale en la legislación aplicable del cual se estudiarán sus características, su registro, el tipo de información que recopila y su administración.

En el apartado se estudia la figura de la Confederación, su concepto, los tipos, su objeto, sus órganos, sus derechos y sus obligaciones.

En la última parte se hace un planteamiento sobre los retos legales, doctrinarios y sociales que enfrentan las Cámaras y sus Confederaciones actualmente.

El tema final de las Cámaras y sus Confederaciones versa sobre la libre asociación de los comerciantes e industriales para la protección de sus derechos humanos.

Cámaras Empresariales

Capítulo I

Naturaleza Jurídica

En el ámbito de la ciencia del derecho, la naturaleza jurídica se entiende como el instrumento del que se vale la doctrina para fijar un conjunto de rasgos o elementos que permiten identificar la institución o figura jurídica estudiada, distinguiéndola de las demás de una manera fácil y rápida, con el propósito de una mejor conceptuación de lo estudiado y una adecuada utilización de la figura en la práctica. Con esos rasgos fijados, surge la ventaja de explicar el comportamiento de la institución o figura jurídica.[75]

Las Cámaras tuvieron en su origen un propósito de defensa común a través de la representación de sus miembros. La naturaleza jurídica de las Cámaras está basada en la libre asociación de los comerciantes, industriales y demás personas con la calidad necesaria para integrar una Cámara con el objeto de crear a una persona moral no comerciante, ni industrial. Por lo que, les reconoce tal naturaleza jurídica el Estado a través de las diferentes leyes y también la Suprema Corte de Justicia de la Nación a través de sus resoluciones.

Algunos legisladores, como la diputada Isabel Molina Warner del PRD quien estaba en contra de la creación de las Cámaras Empresariales en la ley de 1996 junto con el diputado federal Luís Sánchez Aguilar, mencionaron que la figura de las Cámaras era una forma de corporativismo, por considerarla un medio de control estatal.[76]

Las Cámaras aparte de la naturaleza jurídica que tienen como asociación, también son organismos descentralizados por colabo-

---

75 *Enciclopedia Jurídica OMEBA* Tomo XX MUTI-OPCI. Editorial Bibliográfica Argentina S. R. L. Impreso en Buenos Aires Argentina. Págs. 78 y 79.

76 Véase: Gaceta Parlamentaria. Año III. No. 36. Fecha cinco de diciembre de 1996. Diario de debates. Cámara de diputados.

ración, ya que realizan funciones de colaboración con el Estado, como se establece en su ley.

Se analizará con detalle la naturaleza jurídica de las Cámaras: la asociación, así como su faceta de organismo descentralizado por colaboración del Estado.

1. LA ASOCIACIÓN COMO NATURALEZA JURÍDICA

Durante mucho tiempo los seres humanos han tenido la necesidad de unirse para lograr ciertos fines, que serían imposibles de conseguir o muy difíciles sin la unión, por esa razón surgen las asociaciones a las cuales el Estado les reconoce personalidad. Es claro que esta figura se identifica con el derecho civil, pero no es menos cierto que es éste el pilar de todo el Derecho.

a) La asociación

La doctrina designa como elementos fundamentales de las asociaciones los siguientes: no deben lucrar, no deben buscar una actividad de especulación económica, no deben hacer reparto de sus utilidades, y tampoco deben repartir entre los asociados el patrimonio de la asociación en caso de disolución.[77]

Una de las ventajas de la asociación civil es que ésta tiene personalidad distinta a la de los asociados; esto es una gran herramienta, pues a través de esta figura se pueden reunir esfuerzos y recursos. El concepto de asociación lo podemos entender como: "...un contrato mediante el cual dos o más personas reúnen sus esfuerzos y recursos, de manera no transitoria, para la consecución de un fin común, lícito, y posible, y que no tenga carácter preponderantemente económico".[78]

---

77 Álamo, Javier. "*Los 140 tipos de personas reconocidas por el Derecho Mexicano. La Sociedad Anónima Mexicana, no es Anónima, es nominada. La Sociedad de Gestión Colectiva, no es de Gestión, es representativa simple*". Editorial Porrúa. México. 2000. Págs. 100, 101, y 184.

78 Treviño García, Ricardo. "*Los contratos civiles y sus generalidades*". Sexta edición. McGraw-Hill. México. 2002. Pág. 689.

Las Cámaras son una asociación por la unión de comerciantes e industriales mediante un contrato, para crear a una persona moral con el fin de reunir esfuerzos, recursos, defender a sus miembros y colaborar con el Estado con base a la ley. Al tener las Cámaras todas las características de asociación sería necio pensar que no lo es. Si la naturaleza de la Cámara es la asociación, entonces ¿cuál es la naturaleza jurídica de la asociación? Pregunta nada ociosa, al contrario, muy útil para establecer con más exactitud la figura de la Cámara. La naturaleza jurídica de la asociación es el "contrato".

Al ser este un estudio en el campo de la Ciencia jurídica, necesitamos saber cuál es el sustento legal de la asociación. Empezaremos desde la Constitución Política de los Estados Unidos Mexicanos: "Artículo 9°. No se podrá coartar el derecho de asociarse o reunirse pacíficamente con cualquier objeto lícito...".

Como se puede leer, la Constitución claramente consagra el derecho a la asociación. En la ley secundaria encontramos al Código Civil Federal, y al Código Civil para el Distrito Federal ahora Ciudad de México, los cuales reconocen como persona moral a la asociación, bajo el mismo numeral expresan: "Artículo 25. Son personas morales: VI. Las asociaciones distintas de las enumeradas que se propongan fines políticos, científicos, artísticos, de recreo o cualquiera otro fin lícito, siempre que no fueren desconocidas por la ley".

Pero la regulación sobre las asociaciones no termina ahí, pues le es dedicado el Título Décimo primero, tanto del Código Civil Federal, como del Código Civil para el Distrito Federal ahora Ciudad de México llamado: "De las Asociaciones y de las Sociedades".

La regulación secundaria establece la naturaleza de la asociación como un contrato, artículo 2,671 del Código Civil:

> "Articulo 2,671.—El contrato por el que se constituya una asociación, debe constar por escrito".

Por el que varios individuos convienen en reunirse, de manera que no sea enteramente transitoria, para realizar un fin común que no esté prohibido por la ley y que no tenga carácter preponderantemente económico, para constituir a una persona moral llamada asociación, artículo 2,670 del Código Civil:

> "Articulo 2,670.—Cuando varios individuos convienen en reunirse, de manera que no sea enteramente transitoria, para realizar un fin común que no esté prohibido por la ley y que no tenga carácter preponderantemente económico, constituyen una asociación".

El elemento fundamental de las Cámaras ha sido la asociación, y no solamente en México, ya que en otros países la figura de las Cámaras, desde su inicio fue fundado en el "principio de la asociación", como textualmente lo reconoce su estatuto al momento de su creación: la Cámara Argentina de Comercio, fundada el 7 de noviembre de 1924; la Cámara de Comercio de Bruselas —Bélgica—, fundada en 1703; la Cámara de Comercio de Guayaquil —Ecuador—, establecida el 5 de junio de 1889; la Cámara Nacional de Comercio e Industria de El Salvador, reconocida por el gobierno el 16 de noviembre 1948; la Cámara de Comercio de los Estados Unidos, fundada el 22 de abril de 1912; la Cámara de Comercio de Lima —Perú—, fundada el 20 de abril de 1888; entre otras.[79]

2. LA NATURALEZA JURÍDICA DE LAS CÁMARAS EN LA LEY DE CÁMARAS EMPRESARIALES Y SUS CONFEDERACIONES DE 2005

En la ley vigente queda claro que la naturaleza jurídica de las Cámaras es la asociación y dado que la asociación es un organismo veremos también que es.

a) La Cámara como organismo

Entendemos como organismo en sentido amplio al ser vivo, al conjunto de órganos que coordinados trabajan para un mismo

---

79 Zermeño, Francisco T. Op. Cit. Pág. 103-107.

fin, explicado también en el mismo sentido por el Diccionario de la Lengua Española al decirnos: "Organismo. m. Conjunto de órganos del cuerpo animal o vegetal y de las leyes por que se rige. //2. Ser viviente... //4. Conjunto de oficinas, dependencias o empleos que forman un cuerpo o institución".[80]

Conforme a este supuesto al usar la palabra organismo en el campo del derecho se hace en referencia a una persona, no a una parte de ella, sino a su totalidad, como lo son las asociaciones o los organismos descentralizados.

Las Cámaras son organismos, al ser reconocidas como personas por la Ley de Cámaras Empresariales y sus Confederaciones de 2005: "Artículo 4.—Las Cámaras ... son instituciones de interés público, autónomas, con personalidad jurídica y patrimonio propio, constituidas conforme a lo dispuesto en esta Ley y para los fines que ella establece".

Es necesario aclarar que es una persona y deberá tener atributos, pues el artículo 4°, párrafo primero de la ley referida, muestra poco entendimiento sobre el tema.

b) La persona y sus atributos

La Cámara es una persona, pero ¿qué es una persona? Al consultar el Diccionario de la Lengua Española encontramos en el sentido gramatical: "persona. (Del lat. persōna, máscara de actor, personaje teatral, este del etrusco phersu, y este del gr. πρόσωπον).1. f. Individuo de la especie humana. 6. f. Der. Sujeto de derecho".

La primera acepción tiene un sentido estrictamente gramatical, y por supuesto que no en sentido jurídico, pues considera como persona a todos los seres humanos, sin considerar que hay

---

[80] *Diccionario de la lengua española.* Vigesimotercera edición publicada en octubre de 2014. © Real Academia Española, 2024. Edición electrónica. Versión electrónica 23.7.

personas que no son seres humanos, pero sí son personas, ya que son una ficción, una abstracción, ellas son las personas morales, las cuales no tienen un origen biológico sino jurídico, ya que son creadas por la voluntad de personas, sean físicas o morales. En la sexta acepción hace una referencia acertada pero vaga de lo que es persona, pues es claro que una persona es sujeto de Derecho, pero no es toda la esencia de la persona; en el ámbito de la Ciencia Jurídica se puede comprender a la persona como todo ser capaz de derechos y obligaciones,[81] y el Estado a través de los ordenamientos legales reconoce quién tiene la calidad de persona.

En los diversos regímenes jurídicos y doctrinas, se reconoce solamente la existencia de dos tipos de personas: a. Persona física; y b. Persona moral.

La persona física es el ser humano reconocido por el Estado a través de la ley como persona, o sea, sujeto de derechos y obligaciones. Hay polémica en este tema, los ius positivistas argumentan que la calidad de persona se la otorga la ley, en cambio los ius naturalistas consideran que la calidad de persona la trae intrínsecamente el ser humano y el Derecho sólo le reconoce.

Al abordar someramente el tema de las personas físicas, podemos decir que sus atributos de la personalidad son: a) Nacionalidad, b) Patrimonio, c) Nombre, d) Domicilio, e) Capacidad, y f) Estado civil. Recordemos que los atributos de la personalidad son cada una de las cualidades o características implícitas que tienen las personas.

La persona moral es producto de la imaginación de la persona física, al ser una ficción, una abstracción, nace de la manifestación individual o colectiva de voluntades de personas físicas o de personas morales o una y otras, conforme a las atribuciones y facultades

---

81 Gutiérrez y González Ernesto, Ante proyecto y comentarios por el Licenciado. "*Código Civil para el Estado de Nuevo León*". Tomo 1. Gobierno del Estado de Nuevo León. Impreso en México, Monterrey, 1991. Pág. 59.

que la ley establece, un ejemplo de ello son las Cámaras Empresariales y las Confederaciones.

c) De los atributos de las Cámaras Empresariales

No solamente las personas físicas tienen atributos de la personalidad, también los tienen las personas morales. Al estudiar los atributos de la persona moral nos daremos cuenta de las características intrínsecas que tiene, y del por qué el error del legislador en el texto legal.

Por ejemplo, la nacionalidad, es el vínculo que une al Estado con la persona moral, y tiene como resultado la sumisión de ésta a las leyes y autoridad del Estado. Con relación a la figura principal de estudio, también pueden existir tanto nacionales, como extranjeras. Las Cámaras nacionales son aquellas reguladas por la Ley de Cámaras Empresariales y sus Confederaciones de 2005, y las extranjeras son reconocidas en la misma ley, pero sin que las regule, sólo hace la mención que esas deben ser regidas por el Derecho común, o sea que sean consideradas solamente como asociaciones civiles como lo establece el artículo 4° párrafo sexto de la ley citada.

d) El patrimonio pecuniario de la Cámara

El patrimonio se considera el conjunto de bienes y derechos pecuniarios o morales que tiene una persona. Pero para un concepto certero de patrimonio, se consulta al especialista, al Doctor en Derecho Ernesto Gutiérrez y González, el cual nos dice: "ES EL CONJUNTO DE BIENES, PECUNIARIOS Y MORALES, OBLIGACIONES Y DERECHOS DE UNA PERSONA, QUE CONSTITUYEN UNA UNIVERSALIDAD DE DERECHO".[82] También puede

---

[82] Gutiérrez y González, Ernesto. "*El Patrimonio, El pecuniario y el Moral o Derechos de la Personalidad*". Octava Edición corregida y actualizada. Editorial Porrúa. México. 2004. Pág. 67.

ser considerado el patrimonio desde el punto de vista del Instituto de Investigaciones Jurídicas de la UNAM como:

> "patrimonio es el conjunto de poderes y deberes, apreciables en dinero, que tiene una persona. Se utiliza la expresión poderes y deberes en razón de que no sólo los derechos subjetivos y las obligaciones pueden ser estimadas en dinero, sino que también lo podrían ser las facultades, las cargas y, en algunos casos, el ejercicio de la potestad, que pueden traducirse en un valor pecuniario".[83]

Con la noción que tenemos, afirmamos que las Cámaras tienen un patrimonio pecuniario. Igualmente lo establece la misma ley que las regula, al establecer en su Capítulo Séptimo, llamado "Del Patrimonio de las Cámaras y sus Confederaciones" enlistando de forma enunciativa y no limitativa, artículo 25, como se integra su patrimonio pecuniario:

> "Artículo 25.—El patrimonio de las Cámaras y Confederaciones será destinado estrictamente a satisfacer su objeto y comprenderá:
>
> "I. Los bienes muebles e inmuebles que posea o que adquiera en el futuro;
>
> "II. El efectivo, valores e intereses de capital, créditos, remanentes y rentas que sean de su propiedad o que adquieran en el futuro por cualquier título jurídico;
>
> "III. Las cuotas ordinarias o extraordinarias a cargo de sus afiliados o de las Cámaras respectivamente, que por cualquier concepto apruebe la Asamblea General;
>
> "IV. Las donaciones y legados que reciban;
>
> "V. El producto de la venta de sus bienes;
>
> "VI. Los ingresos por prestación de servicios;
>
> "VII. Los ingresos derivados de servicios concesionados o autorizados, y
>
> "VIII. Los demás ingresos que obtenga por cualquier otro concepto".

---

83 Nuevo Diccionario Jurídico Mexicano. Universidad Nacional Autónoma de México-Instituto de Investigaciones Jurídicas. Tomo P-Z. Editorial Porrúa. México 2001. Págs. 2794.

En el capítulo "Del Patrimonio de las Cámaras y sus Confederaciones", exclusivamente se hace mención del patrimonio pecuniario y no al patrimonio moral o derechos de la personalidad, donde se incluyen entre otros derechos: el derecho al nombre, al honor, al secreto telefónico y al el derecho de la imagen. El reconocimiento al patrimonio moral de las personas lo realizan algunos Códigos Civiles[84] como el de Tlaxcala de 1976, de Puebla en 1985, y el de Quintana Roo de 1980, fijándose en este último que:

> "CAPÍTULO VII
>
> "Del patrimonio
>
> "Artículo 597.—El patrimonio es económico o moral.
>
> "Artículo 600.—Patrimonio moral es el conjunto de los derechos de la personalidad".[85]

En este orden de ideas, sabemos que todas las personas morales pueden tener patrimonio moral, incluidas las Cámaras.

El error al que hacemos referencia lo encontramos en el artículo cuarto primer párrafo de la ley de Cámaras en donde establece su naturaleza jurídica, y dice qué tienen.

> "Artículo 4.—Las Cámaras y sus Confederaciones son instituciones de interés público, autónomas, con personalidad jurídica y patrimonio propio, constituidas conforme a lo dispuesto en esta Ley y para los fines que ella establece".

Al hacer la reflexión y tomando en cuenta los párrafos anteriores, se entiende que sí es una persona, tiene patrimonio, o tiene la capacidad para tener uno, y no es necesario que se especifique porque se sobreentiende. Porque una Cámara no puede existir si no tiene patrimonio pecuniario o le es insuficiente el que tiene para el sustento, pues será causa de disolución el no contar con

---

84 Gutiérrez y González, Ernesto. "*Derecho Administrativo y Derecho Administrativo al Estilo Mexicano*". Segunda Edición corregida y actualizada. Editorial Porrúa. México. 2003. Pág. 873.

85 http://www.congresoqroo.gob.mx/ [10-marzo-2024]

los recursos necesarios para cumplir con su objeto o para su simple sostenimiento.

Las Cámaras son identificadas y diferenciadas de otras personas por su nombre, como un atributo de su personalidad. Este nombre no se establece libremente, ya que la ley de Cámaras establece en su artículo quinto:

> "Artículo 5.—Las instituciones constituidas y organizadas de acuerdo con esta Ley deberán usar en sus denominaciones los términos "Cámara" o "Confederación", seguidos de los vocablos que conforme a lo establecido en la misma, permitan identificar su circunscripción, actividad o giro según corresponda.
>
> "Ninguna persona moral distinta a las señaladas en el artículo anterior podrá usar el término "Cámara" o "Confederación". La institución que así lo haga será sancionada conforme a la Ley.
>
> "Para que una persona moral distinta a las señaladas en el artículo anterior incorpore el término "Cámara" o "Confederación" en su denominación o razón social, será necesario obtener previamente la aprobación de la Secretaría, salvo lo dispuesto en otras Leyes".

Deberá usar siempre la denominación de "Cámara", seguido del vocablo que identifique su circunscripción, actividad o giro que corresponda, Vg. Cámara Nacional de Comercio de la Ciudad de México.

En el Capítulo Cuarto llamado "De los Estatutos de Cámaras y Confederaciones", el artículo 16 establece los elementos básicos que debe contener el estatuto de una Cámara, y en su primera fracción se considera como elemento básico la denominación o nombre que deberá tener la Cámara.

El domicilio es el lugar donde reside la persona habitualmente y para las personas morales es aquel donde se encuentra asentada su administración, como atributo de la personalidad. La misma ley de Cámaras establece como disposición fundamental establecer el domicilio de las Cámaras. Así que estas determinan su domicilio en su estatuto, el cual deberá estar dentro de la circunscripción autorizada por los Estados Unidos Mexicanos a través de la Secretaría de Economía.

Toda persona moral obtiene la capacidad de goce y de ejercicio desde que es constituida. En el caso concreto las Cámaras se consideran constituidas cuando se cumple satisfactoriamente con el procedimiento que establece el artículo 15 de la ley de Cámaras y es publicada su constitución en el Diario Oficial de la Federación.

3. DISQUISICIÓN A LA LEY DE CÁMARAS EMPRESARIALES Y SUS CONFEDERACIONES DE 2005 EN EL ARTÍCULO 4°

En el Capítulo Segundo llamado "De las Cámaras y Confederaciones" de la nombrada ley, el legislador al numerar las características de las Cámaras descuidó la redacción al manifestar: Artículo 4.—Las Cámaras y sus Confederaciones son (A) instituciones de interés público, (B) autónomas, con (C) personalidad jurídica y patrimonio propio, constituidas conforme a lo dispuesto en esta Ley y para los fines que ella establece.

A. Al hacer un análisis de la palabra "instituciones" encontramos en el Diccionario de la Lengua Española: "institución. (Del lat. institutĭo, –ōnis)... 2. f. Cosa establecida o fundada. 3. f. Organismo que desempeña una función de interés público, especialmente benéfico o docente. 4. f. Cada una de las organizaciones fundamentales de un Estado, nación o sociedad. Institución monárquica, del feudalismo".[86]

La tercera acepción es explícita al incluir el interés público, lo que deja ver la evidente redundancia en que incurrió el legislador. Sólo basta establecer la palabra "institución" y se entenderá que hay un "interés público".

B. Cuando se habla de "autonomía" debemos de entender los alcances de esta palabra y al ser un elemento importante de las Cámaras debemos analizarlo aquí.

---

86 *Diccionario de la lengua española.* Op. Cit. Edición electrónica. Versión electrónica 23.7.

Se entiende como la potestad para tener independencia con referencia a alguien o para ciertas circunstancias, pero ¿hasta dónde será independiente la Cámara?, a esta pregunta se le dio contestación con una Tesis aislada,[87] de la quinta época: "CAMARAS DE COMERCIO E INDUSTRIA, AUTONOMIA DE LAS. Las cámaras de comercio e industria, aunque son instituciones autónomas, tienen carácter público, según el artículo 1o. de la Ley que las rige (habla de la Ley de 1941), lo que explica la intervención parcial del Estado, en los términos estrictos de la ley; de manera que la autonomía de tales personas jurídicas alcanza hasta donde la ley no autoriza esa intervención".

Aunque es una tesis muy antigua nos da una idea de lo buscado, esto aclara que las Cámaras tienen una autonomía delimitada por la ley que las regula. Entendemos que el Estado puede intervenir o tiene poder sobre la Cámara hasta donde la ley lo permita, y hasta ese punto acaba la autonomía.

Esa limitación en la autonomía de la Cámara se aprecia en la ley vigente, como se muestra en el artículo 6°, en sus diferentes fracciones, al ser atribuciones y facultades de la Secretaría de Economía: autorizar la constitución de las nuevas Cámaras (fracción I); registrar las delegaciones de las Cámaras (fracción II); autorizar la operación de los instrumentos de política económica y social a las Cámaras (fracción IV); convocar a la Asamblea General (fracción V); autorizar las tarifas del SIEM (fracción VI); expedir acuerdos necesarios para el cumplimiento de la ley (fracción IX); entre otras que establece la ley en éste y otros artículos.

Una sobresaliente atribución del Estado es solicitar a la Cámara reportes anuales sobre su operación, sus resultados, y acción de sus programas, así como información financiera respecto del SIEM (fracción VIII).

---

87 Véase: Tipo de documento: Tesis aislada. Quinta época. Instancia: Segunda Sala. Fuente: Semanario Judicial de la Federación. Tomo: LXVI. Página: 591. Amparo administrativo en revisión 3004/40. Cámara Nacional de Comercio e Industria de Pachuca. 19 de octubre de 1940. Unanimidad de cinco votos. Relator: Agustín Gómez Campos.

C. Se establece que las Cámaras tienen "personalidad jurídica", expresión comúnmente ocupada en textos jurídicos, que amerita la siguiente reflexión.[88]

El legislador al hablar de personalidad, solamente se puede referir a la jurídica, pues él habla con el vocabulario de la ciencia jurídica, como se debe de hacer al redactar una ley, no en el sentido coloquial. El legislador no usa la palabra "personalidad" para hacer notar las características originales de una persona o cualidades para distinguirla con otra, asimismo, no podemos decir que las Cámaras "tienen mucha personalidad" en el sentido coloquial. Sencillamente, al decir "personalidad jurídica" se entiende como un pleonasmo jurídico, como un barbarismo.[89]

De esta manera se entiende que la personalidad sólo puede ser jurídica, pues la ley no distingue otra personalidad que no sea de esta naturaleza. ¿Por qué entonces la necesidad de decir que es "jurídica"? Cuando no existe motivo para distinguirla de otros tipos posibles.

Es lógico pensar que todas las personas en el momento que son reconocidas por el Derecho son jurídicas.[90]

No solo el sentido común dice que "personalidad jurídica" está mal dicho, sino también la técnica legislativa, pues uno de sus principios jurídicos básicos es la no redundancia: "...exige que en el ordenamiento jurídico se debe evitar racionalmente la repetición...".[91]

---

88 Reflexión aprendida del egregio Doctor en Derecho Ernesto Gutiérrez y González en la cátedra que impartía en su amada Facultad de Derecho de la Universidad Nacional Autónoma de México, del cual podrán decir, los que lo conocieron, que él sí tenía "mucha personalidad".

89 Gutiérrez y González, Ernesto. "*Derecho Administrativo y Derecho Administrativo al Estilo Mexicano*". Op. Cit. Pág. 579.

90 Álamo Gutiérrez, Javier. Op. Cit. Pág. 22.

91 López Ruiz, Miguel. "*Redacción Legislativa*". Segunda edición corregida y aumentada. Editorial Porrúa. México. 2005. Pág. 17.

4. SU NATURALEZA JURÍDICA EN LAS LEYES DEL SIGLO XX

En México las Cámaras tienen como naturaleza jurídica la asociación, desde la creación de la primera Cámara de Comercio de México del 27 de agosto de 1874, la cual fue fundada bajo el amparo de la Constitución de 1857, en donde el artículo 9° consagraba el derecho de asociación o de reunión pacífica con objeto lícito.

Esta asociación estaba integrada por los comerciantes de aquella época y por personas preocupadas por el fomento, protección y buen funcionamiento del comercio en el país, que dio como resultado la creación de una persona moral, la cual tenía el reconocimiento del Estado a través del Código Civil del Distrito Federal y Territorio de la Baja-California de 1870, el cual entró en vigor el 1° de marzo de 1871,[92] y posteriormente por el Código Civil del Distrito Federal y Territorio de la Baja California[93] de 1884 promulgada el 14 de diciembre de 1883.

a) Ley de las Cámaras Nacionales de Comercio de 1908

La primera ley sobre las Cámaras llamada "Ley de las Cámaras Nacionales de Comercio" de 1908 reconocía como naturaleza jurídica de las Cámaras la asociación, al establecer en su artículo 2°: "Las Cámaras Nacionales de Comercio serán constituidas por la asociación de los comerciantes establecidos en cada localidad".

Las Cámaras no tenían como fin el lucro, sólo les era permitido las funciones que se numeraban en su artículo primero y no se les permitía realizar mayor función, como lo mencionaba el artículo cuarto fracción sexta de la ley. Sólo realizaban funciones

---

92 *Código Civil del Distrito Federal y territorio de la Baja-California de 1871.* TIP DE J. M. Aguilar Ortiz, 1ª de Sto. Domingo, número 5. 1875. México. Pág. 13.

93 *Código Civil del Distrito Federal y territorio de la Baja California, de 1884.* 2ª edición, Herrero Hnos. Sucesores. 1922. México. Págs. 18 y 19.

encargadas de procurar los intereses de los comerciantes a nivel nacional.

b) Ley de Cámaras de Comercio e Industria de 1936

La segunda ley llamada "Ley de Cámaras de Comercio e Industria" de 1936 establecía su naturaleza jurídica en un punto medio, entre la iniciativa privada y un organismo gubernamental: "Las Cámaras de Comercio e Industria son Instituciones autónomas de carácter público y con personalidad jurídica, residentes en la República, para los fines que esta Ley establece."

Tal vez, la redacción se dio con la intención de permitir el registro obligatorio, y hasta la prohibición para ejercer el comercio y la industria a quien encuadraba en la hipótesis de la ley y no se registrara, lo cual era una clara violación a las garantías constitucionales. Pero a pesar de esa confusión, las Cámaras tuvieron como naturaleza la asociación, además, es perceptible en la ley la utilización de la palabra "asociados", para referirse a los miembros de las Cámaras.

c) Ley de las Cámaras de Comercio y de las de Industria de 1941

En la ley de 1941, la que estuvo más tiempo en vigor, llamada "Ley de las Cámaras de Comercio y de las de Industria", se establecía la naturaleza jurídica a las Cámaras de la siguiente manera: "Artículo 1° —Las Cámaras de Comercio y las de Industria son instituciones públicas, autónomas, con personalidad jurídica, constituidas para los fines que esta ley establece."

A lo largo y ancho de la ley se puede apreciar que la naturaleza jurídica de las Cámaras no se relacionaba con el lucro, ni se sujetaba al derecho mercantil, pues en su artículo 4° marcaba los objetos de las Cámaras, y en ellos se encontraban: el representar y defender a los comerciantes e industriales, fomentar el desarrollo del comercio e industria nacionales, apoyar al Estado con las consultas que éste necesite, ser arbitro y desempeñar la sindicatura, entre otras. No se puede encontrar en la ley el reconocimiento textual de "asociación", pero posteriormente por medio de jurisprudencias en la Suprema Corte de Justicia de la Nación se aclaró su naturaleza jurídica, estableciendo que era una asociación, de la cual se hará una disquisición más adelante.

d) Ley de Cámaras Empresariales y sus Confederaciones de 1996

La ley de 1996 llamada "Ley de Cámaras Empresariales y sus Confederaciones" determinó la naturaleza jurídica de las Cámaras de esta manera: "Artículo 4º Las cámaras... son instituciones de interés público, autónomas, con personalidad jurídica y patrimonio propios, constituidas conforme a lo dispuesto por esta ley. La actividad de las cámaras será la propia de su objeto; no tendrán fines de lucro y se abstendrán de realizar actividades religiosas y partidistas".

Esta ley también tuvo como naturaleza jurídica de las Cámaras la asociación, dado que el motor para la creación de esta ley fue la jurisprudencia que determinó como violatoria a las garantías constitucionales la obligatoriedad a la afiliación que establecía la ley de 1941. En esta ley la afiliación era un acto voluntario de las personas en ejercicio de su libertad de asociación.

5. EL RECONOCIMIENTO DE LA NATURALEZA JURÍDICA DE LAS CÁMARAS COMO ASOCIACIÓN POR PARTE DEL PODER JUDICIAL FEDERAL

Encontramos algunas tesis y una jurisprudencia en las cuales nos podemos apoyar para comprender de forma óptima la naturaleza jurídica de las Cámaras. La primera de las tesis es "COMPETENCIA EN CONFLICTOS EN QUE INTERVENGAN LAS CÁMARAS DE COMERCIO Y DE LA INDUSTRIA. PARA DETERMINAR SI ES FEDERAL POR RAZÓN DE LA MATERIA DEBE

ATENDERSE A LA NATURALEZA DEL ACTO RECLAMADO",[94] en donde se reconoce que las Cámaras no pertenecen a la administración pública federal, no son autoridad, como se lee a continuación:

> "...el juez competente será el juez de Distrito en materia civil en atención a que las Cámaras no tienen el carácter de autoridad administrativa, tanto porque no pertenecen a la organización estatal, como porque los actos que realizan en relación con sus agremiados no tienen la naturaleza de actos de autoridad, carecen de imperio y de coacción para hacer cumplir sus determinaciones, razón por la que sus actos no son ni formal, ni materialmente administrativos".

Una segunda tesis bajo el rubro "NATURALEZA JURÍDICA DE LAS CÁMARAS DE COMERCIO Y DE LAS DE INDUSTRIA" claramente permite apreciar cómo la naturaleza jurídica de las Cámaras es la asociación, y reiteradamente dice que las Cámaras no pertenecen a la administración pública federal, como se lee: "no debe conducir a identificarlas con los organismos descentralizados de la administración pública federal, porque aquéllas no son el producto de la voluntad del Congreso de la Unión expresada en una ley que tenga por objeto la creación de las Cámaras, tampoco a través de un decreto del Ejecutivo Federal...".

Es cierto que las Cámaras no son el producto de la voluntad del Estado, este sólo autoriza su creación y operación, y no forman parte de la administración pública, pero es impreciso el texto de la tesis aislada al decir que las Cámaras no son organismos descentralizados, pues si bien no son organismos descentralizados por servicios, en la doctrina serían organismos descentralizados por colaboración. Pero la redacción de la tesis no termina ahí, sino que continúa:

---

[94] Véase: Tipo de documento: Tesis aislada. Instancia: Pleno. Fuente: Semanario Judicial de la Federación y su Gaceta. Tomo: II, Noviembre de 1995. Pág. 79.

> "...sino surgen de la voluntad de un grupo determinado de comerciantes o industriales que acuerdan organizar esa entidad en defensa de sus intereses comunes y para las demás finalidades contempladas en la ley; su patrimonio proviene de fuentes diversas... más no del Estado; y, por último, las Cámaras de referencia no encuadran en la estructura orgánica de la administración pública descentralizada, sino que pertenecen al ámbito de los organismos públicos no estatales".

En conclusión, se entiende que la Cámara es una persona moral, una asociación, creada y organizada por un grupo de comerciantes, industriales, prestadores de servicio y de turismo para la defensa de sus intereses y demás objetivos que le establezca la ley.

6. EL CORPORATIVISMO DE LAS CÁMARAS

Para saber si las Cámaras son figuras corporativistas necesitamos saber qué es corporativismo, en sentido gramatical lo podemos encontrar como: "Corporativismo.1. m. Doctrina que propugna que el Estado intervenga en el orden económico y laboral, mediante la creación de corporaciones profesionales que agrupen a trabajadores y empresarios".[95]

Se le considera una doctrina que se encarga de incrustarse en los sectores muy sensibles para el Estado, como el de los trabajadores, los empresarios, incluso campesinos, y así poder mantener un fácil control sobre ellos y conducirlos hacía el rumbo que el Estado requiera.

Para el estudio del corporativismo se tienen diferentes facetas, hay quien lo mira como una forma particular de intermediación de intereses, como un modelo institucionalizado de elaboración de políticas públicas o como una nueva forma de organización de la economía; también es visto como un sistema específico de

---

95 *Diccionario de la lengua española.* Op. Cit. Edición electrónica. Versión electrónica 23.7.

relaciones, o desde el punto de vista marxista como un sistema de control capitalista sobre la clase obrera; entre otras tantas.[96]

Una interesante definición de corporativismo, al estilo de Schmitter, dice:

> "Sistema de representación de intereses (intermediación de intereses) en el cual, las partes constitutivas están organizadas dentro de un número limitado de categorías singulares, obligatorias, jerárquicamente ordenadas y funcionalmente diferenciadas, reconocidas o autorizadas (si no creadas) por el Estado, a las que les conceden un deliberado monopolio de representación, dentro de sus respectivas categorías, a cambio de seguir ciertos controles de su selección de líderes y articulación de demandas y apoyos".[97]

A través de esta definición nos damos cuenta de la similitud que tienen las Cámaras con algunas de las características del corporativismo, ya que ambas suponen tener el monopolio de la representación empresarial ante el Estado, la característica que no encuadra es la obligatoriedad de la afiliación, que a partir de la ley de 1996 se suprimió. La figura del corporativismo sirve de control estatal para aglutinar a un grupo de personas con características similares, con la finalidad de prevenir conflictos y asegurar el control político.

El corporativismo no es una figura mala sino útil en determinados momentos históricos en donde se necesita de un control, de un aglutinamiento, pero pasado ese momento es necesario suprimirlo y respetar el derecho a la libre asociación. Difícil es saber cuál es el momento de su buen uso y cuál el momento del abuso de la figura.

El corporativismo empresarial mexicano tiene como finalidad el unir y mantener en control al fuerte sector de los empresarios,

---

96 Universidad Nacional Autónoma de México-Instituto de Investigaciones Jurídicas. Coordinadores Cienfuegos Salgado, David López Olvera, y Miguel Alejandro. "*Estudios en homenaje a Don Jorge Fernández Ruiz. Derecho Constitucional y Política*". México. 2005. Pág. 2.

97 IBÍDEM. Pág. 4.

porque al ser un factor real de poder tienen que estar bajo supervisión y coordinación del Estado. Para un gobierno es más fácil dialogar y negociar con una Cámara que representa a los empresarios, que tener que negociar y dialogar con miles de ellos.

Severas críticas reciben la figura de las Cámaras, al ser tildadas de corporativistas en un sentido peyorativo, de servir como un instrumento estatal especialmente diseñado para aglutinar y controlar a los empresarios del país. Aunque la actual ley no es tan agresiva, ni tan totalitaria como las anteriores, existen personas que piensan que la Cámara Empresarial se funda en un mal corporativismo.

Algunas de las personas que piensan y exteriorizan esa idea son los legisladores miembros del Poder Legislativo Federal. Esta situación se derivó por la presentación de la iniciativa de la "Ley de Cámaras y Confederaciones Empresariales" en noviembre de 1996, por parte del presidente de la República Ernesto Zedillo Ponce de León. El Diputado federal Raúl Alejandro Fuentes Cárdenas del Partido del Trabajo, expresó en el debate que se dio, su inconformidad por la creación de Cámaras Empresariales, pues consideraba que las Cámaras tienen fines corporativistas, además de que las Cámaras Empresariales están subordinadas y controladas por el Gobierno.

Otra persona en contra de la creación de las Cámaras Empresariales como figura corporativista en la ley de 1996 fue la diputada Isabel Molina Warner del PRD, quien expresó su voto particular en contra del dictamen de la iniciativa. Consideraba que la libertad de los empresarios quedaba en duda con la figura de las Cámaras como corporativismo empresarial.

Prosiguió la diputada al proponer que el corporativismo debía eliminarse, y no permitirse el control gubernamental sobre cualquier asociación, incluidas las Cámaras; ya sea con la afiliación forzosa, ya con un registro obligatorio como el SIEM.

Hay personas que fueron más allá de tildar a las Cámaras o Confederaciones como instrumentos de corporativismo estatal, mencionado que son un trampolín político, como lo señaló el Diputado federal Luis Sánchez Aguilar:

> "Yo quiero poner aquí dos ejemplos: en alguna ocasión un presidente de la CONCAMIN usó su derecho de picaporte, usó su influencia para negociar su propio ascenso en la política y llegó a ser Secretario de Industria y Comercio, el señor José Campillo Sainz.
>
> "En otra época, otro señor, presidente de la CONCANACO, empleó los mismos artificios para convertirse en subsecretario de Comercio, el señor Francisco Cano Escalante".[98]

Palabras duras y ásperas se dicen cuando debaten los legisladores, pero ¿qué tan cierto es?

En el debate de la ley de 2005, también se tomó en cuenta el tema del corporativismo de las Cámaras Empresariales. El Diputado federal Víctor Adrián Suárez Carrera[99] del PRD expresó su oposición a la aprobación de la iniciativa de ley, pues consideraba que la ley pretendía restablecer el sistema corporativo de representación empresarial; que era un sistema arcaico para la época, pues expresaba la imposición y el autoritarismo sobre la mayoría; asimismo opinó que las Cámaras sólo se encargan de representar a los intereses de un sector minoritario, de otorgar privilegio a la élite empresarial en contra del resto del sector empresarial mexicano integrado por las micro, pequeñas y medianas empresas. Propuso promover el asociacionismo empresarial con una representación genuina de los intereses de los empresarios, y terminar con el corporativismo empresarial y optar por una Ley de Asociaciones Empresariales.

Aunque la mayoría de los debates que analizaremos son de la ley anterior, no menos cierto es que la ley de 1996 y la vigente parecen ser las mismas, hasta conservan los mismos errores en cier-

---

98 Véase: Gaceta Parlamentaria. Año III. No. 36. Fecha cinco de diciembre de 1996. Diario de debates. Cámara de diputados.

99 Véase: Cámara de Diputados-Dirección General de Crónica Parlamentaria. Versión estenográfica. Sesión Plenaria 18. Noviembre 5, 2004. Turno 35 Hoja 4.

tas partes, y aunado a que la exposición de motivos y debates de 2005 no fueron tan reñidas, por esa razón es provechoso analizar lo dicho en 1996. Hubiera sido un problema si los puntos en los que se fundó el debate ya no aparecieran en la ley vigente, lo cual no ocurre, siguen vivos esos mismos puntos de discusión.

7. COMO ÓRGANO

En la Ley de Cámaras Empresariales y sus Confederaciones del 2005, en el artículo 4° párrafo cuarto, se dio un giro radical no intencional a la naturaleza jurídica de las Cámaras, mucho menos jurídico, sino simplemente un descuido que tuvo el legislador en el vocabulario jurídico y gramatical utilizado.

En este párrafo se dice que las Cámaras son "órganos" de consulta y colaboración del Estado. Pero no se puede concebir que una figura sea órgano y organismo al mismo tiempo, o es una cosa o es la otra.

El primer párrafo del mismo artículo 4° indica que las Cámaras tienen personalidad con todos los atributos intrínsecos, y en el cuarto párrafo dice que no es persona, sino que es parte del Estado, un simple "órgano de consulta y colaboración del Estado" .

Para mayor claridad veamos el concepto gramatical de órgano: "Órgano. Del Lat. Organum. //3. Cada una de las partes del cuerpo animal o vegetal que ejercen una función".[100]

Con el concepto gramatical de órgano, se entiende con más facilidad el error en que incurrió el legislador al sostener que las Cámaras son órgano y organismo al mismo tiempo. En realidad es falso, pues las Cámaras son personas, no son parte del Estado como órgano, y aunque fueran consideradas organismos descentralizados por colaboración, no dejarían de ser personas.

---

100 *Diccionario de la lengua española.* Op. Cit. Edición electrónica. Versión electrónica 23.7.

Incluso el Diccionario Jurídico da un concepto acorde a lo expuesto, al decir: "Órgano. I Del griego organon. Parte de un cuerpo que desempaña funciones específicas relacionadas con la demás del todo".[101]

Recordemos que la creación de las personas morales surgió como una necesidad de las personas físicas, está creación se realizó a semejanza de las personas físicas y bajo esta premisa, es ilógico creer que los órganos de las personas físicas puedan considerarse como personas, e igual de ilógico suena decir que los órganos de una persona moral puedan considerarse personas, así de sencillo y de elocuente lo explica el egregio y nunca bien ponderado Doctor en Derecho Don Ernesto Gutiérrez y González, tanto en su cátedra como en su obra "Derecho administrativo y Derecho administrativo al estilo mexicano" al decir: "...LOS ÓRGANOS DE LAS PERSONAS MORALES, NO SON PERSONAS, NI TIENE SENTIDO PENSAR QUE LO FUERAN.".[102]

Son brillantes y sobrias palabras, e imposible de ser rebatidas con lógica, pues tiene razón. Pero es lamentable que día a día no se mire el tremendo error que genera el mal emplear la palabra órgano, un ejemplo es el error que cometió el legislador de la Ley de Cámaras Empresariales y sus Confederaciones del año 2005, pues primero dice que las Cámaras son personas, o sea organismos, y párrafos más adelante dice que son un órgano, tremendo descuido por no recordar o ignorar que un órgano no tiene personalidad, ni aun siendo un órgano del Estado.

Seguramente, el legislador quiso decir en el artículo 4° párrafo cuarto, organismo en lugar de órgano para que quedara de la siguiente manera: "Son organismos de consulta y colaboración del

---

101 Universidad Nacional Autónoma de México-Instituto de Investigaciones Jurídicas. "*Nuevo Diccionario Jurídico Mexicano*" Tomo I-O Editorial Porrúa. México 2001. Pág. 2719.

102 Gutiérrez y González, Ernesto. "*Derecho Administrativo y Derecho Administrativo al estilo mexicano*". Op. Cit. Pág. 178.

Estado. El gobierno deberá consultarlas en todos aquellos asuntos vinculados con las actividades que representan".

Con la anterior explicación queda claro que el legislador nunca quiso dar una doble naturaleza jurídica a las Cámaras —el de organismo y el de órgano—, sino simplemente realizó un mal uso de idioma español y peor aún del vocabulario jurídico.

8. LA CÁMARA COMO ORGANISMO DESCENTRALIZADO POR COLABORACIÓN

La doctrina reconoce tres modalidades de descentralización:[103] por región o por territorio, por servicio y por colaboración.

Como quedó anotado, no existe la Cámara como órgano, pero sí como organismo descentralizado por colaboración. Esta circunstancia se da debido a que el Estado no puede realizar todas las funciones a su cargo, así que estas funciones que en un principio correspondían al Estado las desempeñan estos organismos. Tanto en la teoría como en la práctica, tal colaboración no implica que las Cámaras formen parte de la organización paraestatal.[104]

Existen dos elementos que caracterizan a la llamada descentralización administrativa por colaboración, la primera consiste en que se realiza el ejercicio de una función pública con interés estatal; y la segunda es que lo realiza en nombre propio de la organización privada, al no pertenecer al Estado. Características que marcan la diferencia con la descentralización por región y la descentralización por servicio.[105]

El tipo de ayuda que se da al Estado a través de la descentralización por colaboración se puede dividir en: a. función de ejecu-

---

103 IBÍDEM. Pág. 575.

104 IBÍDEM. Pág. 610.

105 Fraga, Gabino. "*Derecho Administrativo*". 44° edición. Revisada y actualizada por Manuel Fraga. Porrúa. México. 2005. Pág. 210.

ción, b. función de decisión y c. función preparatoria o consultiva.[106]

En la primera encontramos a la empresa concesionaria; los contratistas de contratos administrativos y los establecimientos incorporados de enseñanza. En la función de decisión se encuentran a los Comisariados Ejidales. Por último, en la función de preparación o consulta aparecen las Cámaras de Comercio e Industria.

Grandes reflexiones hace el Profesor emérito Gabino Fraga en su libro "*Derecho Administrativo*", pero al hablar de las Cámaras de Comercio, de Industria y de las Confederaciones cita una ley abrogada llamada "Ley de las Cámaras de Comercio y de las de Industria" de 1941, la cual fue abrogada en 1996 por la "Ley de Cámaras Empresariales y sus Confederaciones", la cual a su vez fue abrogada por la ley de 2005, hace la referencia a pesar de que el libro es de la edición 44° del año 2005, por lo cual debemos tener cuidado en esa parte de la obra.

Para mejor comprender los organismos descentralizados por colaboración, el Doctor en Derecho Don Ernesto Gutiérrez y González sostiene que: "... la descentralización por colaboración la debe entender como la colaboración, ya impuesta, ya autorizada por el Estado, a personas físicas o morales particulares, en el ejercicio de una actividad administrativa, que en principio debe ser prestada por el Estado".[107]

Las Cámaras colaboran con el Estado al proporcionarle información y opiniones de su actividad, sin costo alguno. El Estado reduce sus gastos, pues las Cámaras no cobran al Estado; si no tuviera la colaboración de las Cámaras, el Estado tendría que contratar especialistas expertos para las consultas u opiniones de ca-

---

106 IBÍDEM. Pág. 211.

107 Gutiérrez y González, Ernesto. "*Derecho Administrativo y Derecho Administrativo al estilo mexicano*". Op. Cit. Pág. 610.

rácter eventual o para resolver una situación concreta relacionada con esa actividad.

Sobre este punto el Doctor Ernesto Gutiérrez y González expresa: "Caso claro de este tipo de organismos descentralizados lo tiene en las cámaras de comercio y las de industria...".[108]

A manera de colofón decimos que las Cámaras como organismos descentralizados por colaboración no forman parte del sector paraestatal del Estado; realizan su actividad en beneficio directo de ellas y de sus asociados; integran su patrimonio con las aportaciones de sus asociados y el Estado no les apoya económicamente.

En el mismo sentido el Profesor emérito Gabino Fraga habla de la descentralización por colaboración, con relación a las Cámaras Empresariales, y reflexiona que: "... viene a ser una de las formas del ejercicio privado de las funciones públicas".[109]

Incluso existe una Tesis que trata de explicar la naturaleza jurídica de las Cámaras, aunque lo hace de forma un tanto confusa, llamada "NATURALEZA JURÍDICA DE LAS CÁMARAS DE COMERCIO Y DE LAS DE INDUSTRIA", en donde se considera a las Cámaras como organismos públicos autónomos, pero dejan claro que nunca reconocen a las Cámaras como organismos descentralizados de los Estados Unidos Mexicanos, pues no encuadran en la estructura estatal, sino que pertenecen al ámbito de los organismo públicos no estatales; a la letra dice: "... las Cámaras de referencia no encuadran en la estructura orgánica de la administración pública descentralizada, sino que pertenecen al ámbito de los organismos públicos no estatales".[110]

Es fácil aclarar lo anterior, pues se dice que no son organismos descentralizados de la administración pública federal, lo que en la doctrina se conoce como organismo descentralizado por servi-

---

108 IDEM.

109 Fraga, Gabino. Op. Cit. Pág. 209.

110 Véase: Novena época. Instancia: Pleno. Fuente: Semanario Judicial de la Federación y su Gaceta. Tomo: II, Octubre de 1995. Pág. 76.

cio. Menciona que, si bien no es descentralizado por servicio, por no reconocerlo así la ley, sí pertenecen a los organismos públicos no estatales, lo que en la doctrina se podría entender como organismos descentralizados por colaboración. Sólo de esta forma le doy explicación a esta redacción y aun cuando la Tesis es de 1995, muestra muchos elementos similares a las actuales Cámaras. No existe jurisprudencia o tesis posterior que aborde el tema.

9. LA NATURALEZA JURÍDICA DE LAS CÁMARAS EXTRANJERAS

La legislación de las Cámaras contempla dentro de sus normas a las asociaciones extranjeras o binacionales que tengan el mismo o semejante objeto, las cuales para poder operar en el territorio nacional necesitan la autorización de los Estados Unidos Mexicanos a través de la Secretaría de Economía, las cuales tendrán como naturaleza jurídica la asociación civil.

Éstas no estarán sujetas a la ley federal que regula a las Cámaras Empresariales y sus Confederaciones, sino estarán reguladas por el derecho común, como cualquier asociación civil, según lo estable la misma ley en su artículo 4° en el párrafo sexto, al decir: "Las entidades extranjeras o binacionales que tengan por objeto igual o semejante al de las Cámaras que se regulan en esta Ley, requerirán autorización de la Secretaría para operar en el territorio nacional y actuarán como asociaciones sujetas al derecho común".

10. CONCEPTO DE CÁMARAS EMPRESARIALES

a) Origen de "Cámara"

La denominación de Cámara tiene su origen debido a que los hombres de negocios efectuaban sus juntas en un "cuarto" o "cámara" para deliberar, y tal situación dio pie a nombrar así, ya no al lugar donde se realizaba la reunión, sino al hecho de unirse, de asociarse y deliberar sobre asuntos de comercio, como se realiza en las sesiones de las Cámaras Empresariales.

Esta denominación fue tomada por otros idiomas, en francés "Chambre de Commerce", en inglés "Chamber of Commerce", en alemán "Handeiskammer", en italiano "Camera di Commercio".

El vocablo "cámara" ha tenido muchas aplicaciones en el Derecho y en las costumbres de los pueblos, pero siempre con la constante de hacer referencia a reuniones o consejos que estudian problemas específicos, representar a un sector, o ser auxiliares de forma consultiva o en colaboración con el Estado.[111]

b) Concepto gramatical de Cámara Empresarial

El comienzo para analizar el significado de "Cámara Empresarial" es segmentar y saber qué significa "Cámara" y "Empresarial".

Concepto gramatical de "Cámara" en el Diccionario de la lengua española da veintiún acepciones, destacando tres para nuestros fines: un lugar destinado para reuniones; la actividad en reunión de personas para tratar un asunto; o también ocupado para denominar a los subórganos del Estado encargados de la elaboración de leyes, Vg. Cámara de diputados, Cámara de senadores. De esta manera aparece en el diccionario: "Cámara. (Del lat. camăra, y éste del gr. καμι□ρα, bóveda, cámara).1. f. Sala o pieza principal de una casa. 2. f. junta (□ reunión de personas para tratar algún asunto). Cámara de comercio, agrícola. 3. f. Cada uno de los cuerpos colegisladores en los gobiernos representativos. Cámara alta, baja.[112]

La ley vigente de Cámaras no les da reconocimiento a las Cámaras como actividad, ni como un lugar, ni como subórgano del Estado, sino como la de una persona con una actividad específica

---

[111] Zermeño, Francisco T. Op. Cit. Pág. 1

[112] Diccionario de la lengua española. Op. Cit. Edición electrónica. Versión electrónica 23.7.

y con objeto limitado. El concepto analizado es desde el punto de vista gramatical, no jurídico.

En referencia al concepto gramatical de “Empresarial”, el legislador quiso utilizar la palabra “Empresariales” para ser más amplio y poder abarcar dentro de esa palabra tanto a las Cámaras de Comercio como las de Industria, y no tener que nombrar en el título de la ley a las dos Cámaras como se realizó en la ley de 1941 llamada “Ley de las Cámaras de Comercio y de las de Industria”.

Al investigar en el diccionario de la lengua española el significado encontramos: “Empresarial.– Adj. Perteneciente o relativo a la empresa o a los empresarios”.[113]

Empresa en amplio sentido es una acción difícil de realizar; en un sentido no tan amplio es una unidad debidamente organizada con actividades lucrativas; o también puede entenderse el lugar donde se encuentra la unidad organizada con fines de lucro, esto se respalda con las acepciones que da el diccionario: “Empresa (Del it. impresa). 1. f. Acción o tarea que entraña dificultad y cuya ejecución requiere decisión y esfuerzo. 2. f. Unidad de organización dedicada a actividades industriales, mercantiles o de prestación de servicios con fines lucrativos. 3. f. Lugar en que se realizan estas actividades”.[114]

Cuando se estudia el concepto de la empresa, se encuentra una característica que puede ser vista desde dos puntos de vista, desde el económico y desde el jurídico. Por esa razón se conceptúan por separado.

El concepto de “Empresa” desde el punto de vista económico es: “...unidad de control y decisión; es una combinación de factores fijos que determina su existencia; es un ingenio que supera el mecanismo de precios en donde las decisiones y transacciones están coordinados por un individuo o grupo”.[115]

---

113 IDEM.

114 IDEM.

115 Quintana Adriano, Elvia Arcelia. “*Ciencia del Derecho Mercantil, Teoría, Doctrina e Instituciones*”. Editorial Porrúa. México. 2002. Pág. 336.

El concepto económico de la empresa implica una actividad, una organización y buena combinación de los factores de producción en un sistema de libre competencia, para ser productor y/o intermediador de bienes o servicios con la meta de satisfacer las necesidades. A la empresa primordialmente no se le ve como una persona sujeta a las normas del derecho, sino como una actividad que en los más de los casos tiene como fin primordial el lucro.

El concepto jurídico de "empresa", atiende al surgimiento de una persona, la cual está sujeta al derecho, sin dejar de tomar en cuenta los factores económicos. Se puede apreciar claramente en la concepción de la empresa que da la Doctora Elvia Arcelia Quintana Adriano: "Es un organismo, piedra angular, eje de la estructura corporativa actual, donde se conjugan los factores de la producción —capital, tierra y trabajo— que concreta la Ciencia de Derecho Mercantil para alcanzar sus fines, desde el mundo de la producción hasta el mundo del consumo, pasando por la intermediación de los bienes y servicios".[116]

La ley de Cámaras Empresariales y sus Confederaciones[117] de 1996, abrogada por la ley actual, daba un concepto sobre empresa al decir: que tenían esa calidad las personas físicas o morales que tuvieran por actividades, las de comercio, industria o servicio, y de forma textual excluía a las personas que tuvieran locales en mercados públicos, con ventas al menudeo, asimismo a las personas físicas con actividad empresarial que fueran vendedores ambulantes o tuvieran puestos fijos o semifijos en la vía pública. La actual ley de Cámaras empresariales de 2005 no tiene el concepto de empresa, fue sustituido por el concepto de comerciante.

Queda por analizar en conjunto estas palabras desde el punto de vista de la Ciencia del Derecho.

---

116 ÍBIDEM. Pág. 342.

117 Véase: Diario Oficial de la Federación de los Estados Unidos Mexicanos, de fecha viernes 20 de diciembre de 1996, número 15, tomo XXIX. Pág. 41.

Para el concepto Jurídico de “Cámaras Empresariales” no hay uno que satisfaga, pues la mayoría están basados en la noción somera que da la ley vigente, al determinar: “Artículo 4.—Las Cámaras... son instituciones de interés público, autónomas, con personalidad jurídica y patrimonio propio, constituidas conforme a lo dispuesto en esta Ley y para los fines que ella establece”.

Este concepto no solamente es incompleto, sino también erróneo, como quedó expresado en el análisis de la naturaleza jurídica de las Cámaras. En ninguna ley, ni en la doctrina o jurisprudencia se logró encontrar un concepto aceptable.

Tratando de conceptuar se da un concepto:

> "Cámara Empresarial es la persona creada por la asociación de comerciantes, industriales, o prestadores de servicios y prestadores de servicios turísticos, con fines como la defensa, promoción y representación nacional e internacional de la Cámara y de sus miembros, reconocida por el Estado como organismo de colaboración de consulta, sin realizar actividades lucrativas, religiosas o partidistas".

11. TIPOS DE CÁMARAS EMPRESARIALES

Las Cámaras Empresariales se clasifican en Cámaras de Comercio y Cámaras de Industria.

Las Cámaras de Comercio son nominadas por la ley como Cámaras de Comercio, Servicios y Turismo, están integradas por comerciantes, prestadoras de servicios y del sector turismo. Distribuidas en el país por circunscripciones regionales, que pueden abarcar uno o más municipios de una entidad federativa, o una o más alcaldías en la Ciudad de México.

La ley obliga a la Cámara a admitir a todos los comerciantes, sin excepción, siempre que paguen la cuota correspondiente y se comprometan a cumplir con el estatuto de la Cámara, sin hacer referencia si la obligación es también para las prestadoras de servicios y del sector turismo, o tal vez a ellas les puedan negar la afiliación a la Cámara.

Lo anterior amerita reflexión porque la intención del legislador es buena al decir que ninguna persona puede ser excluida de pertenecer a la Cámara de Comercio, pero es importante respetar en todo momento la Constitución Política de los Estados Unidos Mexicanos, porque la ley de Cámaras determina: "Artículo 10.—... Las Cámaras de Comercio, Servicios y Turismo están obligadas a admitir como afiliados a todos los Comerciantes que lo soliciten, sin excepción, siempre y cuando paguen la cuota correspondiente y se comprometan a cumplir con los Estatutos de las Cámaras".

Y la Constitución Política de los Estados Unidos Mexicanos en su artículo 9° establece que no se podrá coartar el derecho de asociarse o reunirse pacíficamente con cualquier objeto lícito; pero en el mismo sentido y con mayor claridad por jurisprudencia[118] se estableció que la libertad de asociación puede operar en tres direcciones: 1o. derecho de asociarse formando una organización o incorporándose a una ya existente; 2o. derecho a permanecer en la asociación o a renunciar a ella; y 3o. derecho de no asociarse.

Nuestra reflexión versa sobre la última, en donde se consagra el derecho de no asociarse, derecho que también tiene la Cámara, y que la ley al obligarle a admitir a quien solicite la admisión sin la opción de poderse negar, viola su derecho de no asociarse y esto es una violación a la garantía constitucional de la Cámara.

Las Cámaras de Industria en el país, a su vez se clasifican en: Cámaras de Industria específicas nacionales, Cámaras de Indus-

---

118 CAMARAS DE COMERCIO E INDUSTRIA, AFILIACION OBLIGATORIA. EL ARTICULO 5o. DE LA LEY DE LA MATERIA VIOLA LA LIBERTAD DE ASOCIACION ESTABLECIDA POR EL ARTICULO 9o. CONSTITUCIONAL. Tipo de documento: Jurisprudencia. Novena época. Instancia: Pleno. Fuente: Semanario Judicial de la Federación y su Gaceta. Tomo: II, Octubre de 1995. Pág. 5.

tria genéricas nacionales, Cámaras de Industria específicas regionales, y Cámaras de Industria genéricas regionales.

a) Las Cámaras de Industria específicas nacionales se integran por empresas que tengan por actividad el mismo giro industrial.

b) Las Cámaras de Industria genéricas nacionales se integran por empresas que realicen actividades de las cuales no exista Cámara de Industria específica.

c) Las Cámaras de Industria específicas regionales se integran por empresas en una o algunas entidades federativas, que realicen actividades de un mismo giro industrial.

d) Las Cámaras de Industria genéricas regionales se integran por empresas en una entidad federativa, que realicen actividades que no estén reservadas para la afiliación a otra Cámara de Industria especifica regional.

12. MODELOS DE LAS CÁMARAS[119]

En atención a la estructura legal de las Cámaras, se puede hablar de tres modelos:

a) El modelo continental o francés,

b) El modelo anglosajón, y

c) El modelo mexicano.

a) El modelo continental o francés es usado en la Europa Occidental, España, Italia, Holanda, Alemania, Austria y Francia, se caracteriza por la obligatoriedad de afiliación, y en algunos países llegan las Cámaras a tener funciones de autoridad. Un ejemplo de ello es en Alemania, en donde las Cámaras otorgan los certifi-

---

119 CUM. Escuela de Derecho. Revista "*Responsa*". *Año 0, Número 01. Editorial Progreso. Agosto de 1995. México* Pág. 6-7.

cados de origen de las mercancías y comprobantes diversos para operaciones económicas.

En Francia las Cámaras Profesionales se clasifican en tres: a. Cámaras de Comercio e industria llamadas "Chambres de Commerce et d´Índustrie" o "Chambres Consulaires"; b. de agricultura, y c. de oficios, con un carácter enteramente administrativo. Tienen como fines la representación, defensa y fomento de los intereses profesionales y económicos del sector que corresponda.[120]

b) Bajo el modelo anglosajón la afiliación es voluntaria en un perímetro privado.

c) El modelo mexicano tiene sus características singulares con relación a los otros, al considerar a las Cámaras como instituciones públicas autónomas, en donde no existe una afiliación obligatoria, sólo existe la obligatoriedad de inscripción a un registro especial a cargo del Estado o de la Cámara correspondiente, sin tener efectos de afiliación.

13. OBJETO DE LAS CÁMARAS EMPRESARIALES

Los objetos de las Cámaras los podemos agrupar de la siguiente manera:

a) De representación;

b) De colaboración estatal;

c) De procuración de medios para la solución a conflictos derivados de actividades comerciales, de servicios, de turismo o industriales;

d) De operación del SIEM y; demás actividades que se deriven de su naturaleza, de su Estatuto y las que les señalen otros ordenamientos legales.

---

120 Silvia Del Saz. "*Cámaras oficiales y Cámaras de Comercio*". Monografías Jurídicas. Marcial Pons, Ediciones Jurídicas y Sociales, S.A. Madrid. 1996. Pág. 214.

A lo largo de la ley de las Cámaras podemos encontrar los diversos objetos que tienen las Cámaras, pero a pesar de ello la ley dedica el Título segundo llamado "Del objeto, circunscripción y actividades de las Cámaras y Confederaciones" los cuales son numerados en forma enunciativa, y no limitativa.

a) La representación. El más importante de los objetos de las Cámaras es representar a sus afiliados, objeto que prevalece desde la aparición de la figura de la Cámara. Esta representación consiste en defender y promover los intereses a nivel nacional e internacional de los afiliados en actividades como comercio, industria, servicios y turismo, asimismo defender de forma particular los intereses de algún afiliado que lo haya solicitado de manera expresa y el fomentar la participación de los afiliados, además de prestar la Cámara los servicios que establezca su estatuto a sus afiliados.

Una observación que se hace al artículo 7° fracción I, de la ley de la materia, es que equivocadamente dice:

> "Artículo 7.—Las Cámaras tendrán por objeto:
>
> I. Representar, promover y defender los intereses generales del comercio, los servicios, el turismo o de la industria según corresponda, como actividades generales de la economía nacional anteponiendo el interés público sobre el privado".

La Cámara como persona moral no puede representar los intereses generales del comercio o de los servicios, o del turismo o de la industria, dado que el comercio es una actividad lucrativa, no una persona, por lo tanto el comercio no puede representar ni ser representado en nuestro sistema jurídico porque no tiene personalidad. Es tan ilógico pensarlo de esa manera, como decir que una persona otorga un poder para pleitos y cobranzas a un perico; en el Derecho mexicano podemos ser representados por personas, y representar a personas.

b) La colaboración estatal. La ley de la materia determina que las Cámaras asuman el papel de organismos de colaboración en los tres niveles de gobierno, tanto de consulta de temas específicos con relación a su actividad, como en actividades encaminadas al fomento de la economía nacional. Asimismo, también cumplen la función de colaboración con el Estado federal al auxiliarlo a emitir opiniones e información estadística para la incorporación de contribuyentes al Padrón de Sectores Específicos.

Además, colabora con el Estado en la evaluación y emisión de certificados de origen de exportación, de conformidad con las disposiciones aplicables y previa autorización de la Secretaría de Economía; colabora con el Estado Federal en las negociaciones comerciales internacionales, cuando así se lo solicitan; y participa con el gobierno en el diseño y divulgación de las estrategias de desarrollo socioeconómico.

Al mismo tiempo la Cámara también se encarga de promover, orientar e impartir capacitación sobre la realización de todo tipo de trámites administrativos obligatorios ante toda clase de autoridades administrativas con las que se pueda tener injerencia por virtud de la actividad empresarial y comercial que desempeñan sus afiliados.

c) Ofrecer medios para la solución a conflictos derivados de actividades comerciales, de servicios, de turismo o industriales, tales como actuar de mediadores, árbitros y peritos, en el ámbito nacional e internacional, respecto de actos relacionados con esas actividades.

d) Operar el SIEM. Es una función muy importante que realizan las Cámaras, tal operación la realizan con la aprobación y con la supervisión del Estado Federal a través de la Secretaría de Economía.

Tan importante es el objeto de operar el SIEM que le fue brindado el Título tercero de la ley, llamado "Del Sistema de Información Empresarial Mexicano".

14. EL SISTEMA DE INFORMACIÓN EMPRESARIAL MEXICANO

El SIEM es considerado como la herramienta para obtener, integrar, procesar y suministrar información de forma oportuna y confiable al Estado. Esta información contiene las características y ubicación de los establecimientos de comercio, servicios, turismo e industria. Su operación está a cargo de las Cámaras, cuando así lo autoricen los Estados Unidos Mexicanos a través de la Secretaría de Economía, y su coordinación se realiza también a través de la misma Secretaría.

La ley de Cámaras determina que el propósito del SIEM es apoyar las actividades de los tres niveles de gobierno en asuntos como: la planeación del desarrollo socioeconómico, y aplicación de instrumentos de política empresarial; también el SIEM apoyará a las Cámaras en la planeación y desarrollo de sus actividades y servicios, a las empresas en la formulación de sus estrategias de competitividad y crecimiento; asimismo en la identificación de oportunidades comerciales y de negocios para los empresarios.

a) Sus características

El dinero obtenido por el pago de las cuotas no es un ingreso para el Estado, sino que está destinado a cubrir los gastos de operación, promoción y registro de empresas, en pocas palabras, el dinero obtenido por las cuotas del SIEM es para las Cámaras Empresariales autorizadas para operar el SIEM. El Estado a través de la Secretaría de Economía solamente se encarga de administrar la información que ha sido reunida por las Cámaras Empresariales y no de recibir el pago de la cuota por el registro.

b) Del registro del SIEM

El registro dentro del Sistema de Información Empresarial Mexicano lo deberán realizar todos los comerciantes e industriales de forma obligatoria y sin excepción, asimismo deberán mantener la actualización de los datos proporcionados de forma anual.

La inscripción y el registro ante el SIEM no tienen efectos de afiliación a las Cámaras, ni el pago por el registro como cuota de afiliación. La ley es clara en este tema, pues como antecedente a esta ley de 2005 se emitió la jurisprudencia que declaró violatorio de las garantías constitucionales el obligar a todos los comerciantes e industriales a la afiliación. Como consecuencia, se declaró inconstitucional la obligatoriedad de la afiliación, por esa razón actualmente hay distingo, aunque algunos legisladores piensan que la obligatoriedad de registro del SIEM en las Cámaras tienen un efecto parecido, pues de una u otra manera dan cuenta a la Cámara y deben tener una relación con ella.

Los tiempos de registro varían, pues cuando se trata del registro de una empresa de nueva creación debe hacer su registro dentro de los dos meses siguientes a la fecha de su registro ante la Secretaría de Hacienda y Crédito Público. Una vez registrada la empresa tiene el deber de renovar o realizar actualizaciones de la información dentro del primer bimestre de cada año posterior al registro, la tarifa del registro es aprobada previamente por el Estado.

El registro de nuevas empresas al SIEM, como su renovación o actualización de información, se debe hacer en la Cámara de Comercio o Industria que corresponda al giro y dentro de la circunscripción de esta.

Otro momento importante para renovar y actualizar sus datos se da cuando una empresa cesa parcial o totalmente sus actividades o cambia de giro, o domicilio. Para manifestarlo tiene un plazo de dos meses contados a partir de la fecha en que se produzcan los cambios.

c) Tipo de información que recopila el SIEM

Fundamentalmente la información que reúne el SIEM se divide en dos tipos: a. la información obligatoria; b. la información opcional.

La información llamada obligatoria, tiene como fin la planeación y aplicación de instrumentos de política de Estado, y así promover el desarrollo e integración de las cadenas productivas con la información que reúna.

La información llamada opcional o complementaria tiene como fin promover más ampliamente la actividad económica específica y estimular oportunidades de negocios con otras empresas del país y del extranjero. Dicha información no hará prueba ante la autoridad administrativa o fiscal, en juicio o fuera de él.

d) La administración del SIEM

La administración del Sistema de Información Empresarial Mexicano está a cargo del Estado a través de la Secretaría de Economía, y para ofrecer un eficiente servicio toma las medidas necesarias de las Reglas de Operación del SIEM; además formula y promueve acuerdos con el fin de que en todas las instancias administrativas de los tres niveles de gobierno establezcan la obligatoriedad a las empresas para registrarse en el SIEM, como requisito para otro u otros trámites administrativos subsecuentes.

Al crearse el Sistema de Información Empresarial Mexicano por primera vez con la ley de Cámaras de 1996, se generó una polémica al respecto, pues algunos legisladores como el Diputado federal Raúl Alejandro Fuentes[121] del Partido del Trabajo, consideró que el SIEM duplicaba funciones, pues existen registros que ya realizaban la función del SIEM, y que su único fin era cobrar las cuotas, y con ello cargar aún más la mano con una erogación extra a los empresarios del país. Esta ha sido la manera en que las Cámaras se recuperaron del desfalco que sufrieron al dejar de percibir las cuotas por la afiliación obligatoria que establecía la ley de Cámaras de 1941.

Cuando el Diputado federal tuvo la palabra en el debate que se dio para aprobar la ley de 1996 de Cámaras empresariales, ma-

---

[121] Véase: Gaceta Parlamentaria. Año III. No. 36. Fecha cinco de diciembre de 1996. Diario de debates. Cámara de diputados.

nifestó que el SIEM duplicaba funciones con el Instituto Nacional de Estadística Geografía e Informática, y con el registro de contribuyentes que realizaba la Secretaría de Hacienda y Crédito Público; y si se reflexiona un poco más nos damos cuenta que hasta duplicaba registros con el Instituto Mexicano del Seguro Social, con el INFONAVIT, y hasta con registros que realizaba el Gobierno del Distrito Federal ahora Ciudad de México.

En el debate para la aprobación de la iniciativa de la ley de 2005, algunos diputados federales se opusieron a la ley, y en específico al Sistema de Información Empresarial Mexicano. Una de las personas que se opuso y lo exteriorizó en el debate fue el Diputado Víctor Adrián Suárez Carrera del PRD, quien argumentó que el registro del SIEM es indebido cuando se hace de forma obligatoria a los empresarios, pues sólo podían hacerlo frente a las Cámaras a las que pertenecían por giro o por circunscripción, sin ninguna opción; solamente entendía ese registro como una forma encubierta de darles recursos a las Cámaras empresariales. Propuso el Diputado federal que el registro del SIEM no sea exclusivo de las Cámaras Empresariales, sino que el registro ante ellas sólo sea una opción más, entre muchas para registrarse.

15. LOS ÓRGANOS DE LAS CÁMARAS EMPRESARIALES

Los órganos de las Cámaras son esenciales para poder desarrollarse, ya que por ellos pueden realizar sus funciones establecidas y se organizan fundamentalmente en tres grupos: a. órganos directivos; b. órganos ejecutivos; y c) órganos administrativos. La estructura de los órganos, así como el número y la forma lo establece con detalle el Estatuto de cada Cámara.

El órgano directivo es la Asamblea General y órgano supremo de las Cámaras. Tiene la facultad de dirigir la Cámara, y al tener un rango superior sobre los demás órganos, todos los demás deben cumplir con lo ordenado por este órgano.

La Asamblea General está integrada por los afiliados y tiene dentro de sus facultades: I. Aprobar el Estatuto y sus modificaciones; II. Aprobar el programa de trabajo, así como el presupuesto anual de ingresos y egresos; III. Aprobar las políticas generales para la determinación de los montos de cualquier cobro que realice la Cámara, conforme a lo previsto en la Ley y en el Estatuto respectivo y con las sanciones correspondientes por su incumplimiento; IV. Designar a los miembros del Consejo Directivo y al auditor externo, así como remover a éstos y a los demás directivos; V. Aprobar o rechazar el informe de administración, el balance anual y el estado de resultados que elabore el Consejo Directivo, así como los dictámenes que presente el auditor externo; VI. Acordar la disolución y liquidación de la Cámara; además de las que establezca la ley y el Estatuto de cada Cámara.

La Asamblea General celebrará por lo menos una sesión ordinaria dentro de los primeros tres meses de cada año.

El órgano ejecutivo de la Cámara es el Consejo Directivo, y está integrado por un Presidente, por los Vicepresidentes necesarios, un Tesorero y un Secretario, con sus respectivos suplentes.

El Presidente será electo en la primera sesión ordinaria del Consejo Directivo, la que deberá realizarse en la misma fecha en que se reúna la Asamblea General en sesión ordinaria. El Presidente, Vicepresidentes y Tesorero duran en su cargo un año y pueden ser reelectos para el mismo cargo en dos ocasiones, cada una en forma consecutiva, y su cargo es honorífico y personal, y no pueden ejercerlo por medio de representante. A propuesta del Presidente, el Consejo Directivo aprobará la designación de los Vicepresidentes, del Tesorero y del Secretario.

El Secretario dura en su cargo un año y es reelecto cuantas veces sea necesario, y su cargo es remunerado y personal. El Presidente, los Vicepresidentes y el Tesorero de una Cámara, deben ser representantes de una empresa afiliada que realice la actividad correspondiente al giro de la Cámara de que se trate.

El Consejo Directivo tiene las funciones que la ley le determina en su artículo 22 de la ley vigente, y lo realizan de forma enunciativa, pues también en el resto de la ley y en su respectivo Estatuto se establecen las funciones con mayor detalle. Dentro de algunas de sus funciones están: representar a la Cámara; convocar a la Asamblea General y ejecutar sus acuerdos; presentar cada año a la Asamblea General el presupuesto de ingresos y egresos, asimismo el programa de trabajo de la Cámara, y aprobados por la Asamblea remitirlos a la Secretaría de Economía; ejercer el presupuesto; someter a la Asamblea General el balance anual y el estado de resultados; proporcionar al Estado o a alguna Confederación la información requerida; y determinar la sede y circunscripción de las delegaciones.

El Consejo Directivo de la Cámara se integra en atención a su Estatuto, pero debe contener los puntos mínimos que exige la ley, los cuales son: a. el tiempo de permanencia de los consejeros que es de dos años; b. las reglas para la renovación anual; c. determinar los porcentajes de participaciones mínimas de afiliados de la Cámara, que realicen la actividad correspondiente al giro de que se trate en el Consejo Directivo, el cual no debe ser menor al setenta y cinco por ciento; d. establecer el porcentaje mínimo de miembros del Consejo Directivo que deben ser de nacionalidad mexicana, el cual es de sesenta por ciento; e. asimismo determinar que la minoría que detente al menos veinte por ciento de los afiliados, tendrá derecho a designar a un miembro propietario del Consejo Directivo y su suplente, estos consejeros se sumarán a quienes hayan sido electos por la Asamblea General.

El órgano administrativo está a cargo de un Director General de la Cámara, designado por el Consejo Directivo. Las funciones del Director General son administrativas, como lo son: supervisar las oficinas y al personal; autorizar la correspondencia ordinaria con su firma, y la extraordinaria en unión con el encargado de la presidencia; realizar las contrataciones o remociones de personal, entre otras funciones de carácter administrativo.

Todas las Cámaras tienen derecho de crear órganos adicionales según sus necesidades, siempre y cuando obedezcan lo establecido por la Ley vigente de Cámaras Empresariales, un ejemplo de ello es la Cámara Nacional de la Industria del Vestido, quien se integra por: I. Asamblea General; II. Consejo Directivo; III. Comisión Ejecutiva; IV. Comisiones Estatutarias; V. El Presidente de la Cámara; VI. Los Vicepresidentes de la Cámara; VII. El Secretario de la Cámara; VIII. El Tesorero de la Cámara; IX. Los Presidentes de representación estatal; X. Los Presidentes de delegación; XI. El Abogado General; y XII. El Auditor General.

Otro ejemplo es la Cámara Nacional de la Industria de Restaurantes y Alimentos Condimentados, quien con base a su Estatuto integra sus órganos: I. La Asamblea General; II. El Consejo Nacional; III. La Comisión Ejecutiva Nacional; IV. El Comité de Vigilancia; V. El Consejo Consultivo de Expresidentes; y VI. El Comité de Honor y Justicia.

16. DE LOS DERECHOS DE LAS CÁMARAS EMPRESARIALES

Los derechos de las Cámaras Empresariales se pueden agrupar en A. derechos de participación en los órganos de la Confederación, B. derechos a la representación, y C. derechos diversos.

A. Los derechos de participación en los órganos de la Confederación son principalmente el tener una participación plena en el gobierno de las Confederaciones, como es: participar con voz y voto en la Asamblea General, o en otros órganos de las Confederaciones; ser votado y votar en los procesos de elección a los cargos dentro de la Confederación; proponer candidatos a las posiciones en los órganos de gobierno de la Confederación, que sean miembros relacionados con la actividad o región de la Cámara; asimismo proponer iniciativas para el mejor funcionamiento de las Cámaras Empresariales y de las Confederaciones, y aunado a la propuesta debe existir una respuesta fundada de la Confederación; y participar en las asambleas y demás órganos de gobierno de la Confederación.

B. El derecho a la representación que implica: que la Cámara actúe como el representante de sus agremiados acorde a los intereses de la actividad productiva o región que corresponde en la Asamblea y en los órganos de gobierno de la Confederación; que el asociado sea representado y defendido a solicitud de las Cámaras por la Confederación ante el Estado u otro organismo.

C. Los derechos diversos de las Cámaras son: a. recibir de la Confederación los servicios que ésta ofrezca en términos de asesoría legal y técnica, consultoría, publicidad, tramitación, y capacitación; b. operar el SIEM cuando así lo autorice el Estado a petición de las Cámaras o Confederaciones; c. solicitar a la Confederación que actúe como árbitro en la solución de controversias en aquellos ámbitos en los que sea competente, de acuerdo a la reglamentación vigente; d. recibir información necesaria y suficiente de la Confederación o de sus afiliados; e. participar en las ferias, exposiciones, concursos y certámenes en que participe o convoque la Confederación; f. solicitar y recibir de la Confederación el apoyo necesario para evitar la disolución y liquidación de la Cámara; g. y las demás que se señalan a lo largo de la ley.

17. DE LAS OBLIGACIONES DE LAS CÁMARAS EMPRESARIALES

Las obligaciones más sobresalientes se pueden agrupar en tres clases: A. la obligación informativa, B. la obligación de sumisión, y C. la obligación económica.

A. La obligación informativa. Por la cual las Cámaras tienen la obligación de informar sobre los resultados en sus procesos de elección de los órganos de gobierno; asimismo enterar a la Confederación los ingresos obtenidos por concepto de la operación del SIEM.

B. La obligación de sumisión. Por la cual las Cámaras tienen que acatar las resoluciones de la Confederación sobre las controversias llevadas ante ella y en las que se involucre a la Cámara.

C. La obligación económica. Una de las más importantes y polémicas obligaciones que tienen las Cámaras Empresariales, pues están obligadas a contribuir al sostenimiento de la Confederación respectiva, en los alcances económicos que fije la Asamblea de la Cámara.

Capítulo II
Confederaciones

La naturaleza jurídica de las Confederaciones se puede entender en dos etapas. Para comprender la primera se debe conocer su historia y el motivo por el cual se tuvo la necesidad de crearlas, y para dilucidar la segunda etapa sólo basta con revisar la legislación vigente.

La figura de la Confederación nació en la primera mitad del siglo XX cuando el país tuvo un período desestabilizador con la Revolución Mexicana, posteriormente el gobierno tuvo necesidad de recuperar la estabilidad en el ámbito empresarial y celebró el Primer Congreso Nacional de Comerciantes. El gobierno a través de su secretario de Industria y Comercio, exhorto a la Cámara Nacional de Comercio de la Ciudad de México a organizar el Congreso, con el patrocinio del Estado, la invitación fue aceptada en el año de 1917.

Lo que se pretendía combatir con la creación de las Confederaciones era la desunión y la falta de coordinación entre los empresarios, o entre las Cámaras que había, por esa razón las Confederaciones surgieron como un instrumento aglutinador, por medio del cual el Estado tendría contacto con los empresarios y con las Cámaras de cada localidad. En esa época, no existía el teléfono, la televisión, el fax, o la Internet y como las comunicaciones eran difíciles, con la ayuda de las Confederaciones esas limitaciones disminuyeron.

Las actividades de la primera Confederación de Cámaras de Comercio fueron funciones de representación de las Cámaras de Comercio de la República; funciones de promoción al desarrollo, defensa y regulación de la actividad mercantil; funciones de asesoría estatal, entre otras, pero la más importante que tenía la Confederación era la de establecer y mantener la coordinación con las Cámaras de Comercio, y provocar entre ellas la cohesión y la solidaridad, en beneficio del país. Se considera que esa es la naturaleza jurídica de las Confederaciones en su primera etapa, tanto la de comerciantes, como la de industriales.

Así es como la Confederación sirvió de instrumento político con personalidad para el enlace de un importante sector, el cual es considerado un factor real de poder y debe ser siempre controlado por el Estado.

En la segunda etapa de las Confederaciones, apareció la ley que les reconoció en 1936, siendo presidente de la República el General Lázaro Cárdenas, y desde esa fecha, al pasar por las leyes de 1941, de 1996 y la vigente de 2005, en ninguna han tenido objetos exclusivos. Es más, en las primeras leyes, los objetos de las Cámaras y los de las Confederaciones eran exactamente iguales, con el tiempo le han dado funciones particulares, pero nunca importantes, o vitales, es más, las mismas Cámaras lo podrían realizar.

Actualmente las Confederaciones tienen fundada su naturaleza jurídica en la Ley de Cámaras Empresariales y sus Confederaciones del 2005, en su Capítulo Segundo llamado "De las Cámaras y Confederaciones" expresamente dice: "Artículo 4.—Las ... Confederaciones son instituciones de interés público, autónomas, con personalidad jurídica y patrimonio propio...".

Las mismas reflexiones hechas al explicar la naturaleza jurídica de las Cámaras sobre las palabras "instituciones de interés público", "autónomas" y "personalidad jurídica", se aplican para las Confederaciones.

La Confederación es reconocida como persona moral constituida únicamente por las Cámaras del correspondiente giro, y tiene por objeto lo establecido en la ley, y prohibidos expresamente los fines de lucro y las actividades religiosas o partidistas. Además, al igual que las Cámaras funge como organismo de colaboración con el Estado, quien puede hacerle consultas.

Su patrimonio pecuniario se compone de los bienes enumerados en forma enunciativa en el Capítulo Séptimo "Del patrimonio de las Cámaras y sus Confederaciones", entre los cuales se encuentran: los bienes muebles e inmuebles que posea o que adquiera en el futuro; el efectivo, valores e intereses de capital, créditos, remanentes y rentas que sean de su propiedad o que adquieran en el futuro por cualquier título jurídico; las cuotas ordinarias o extraordinarias a cargo de las Cámaras respectivamente, por las donaciones y legados que reciban; por el producto de la venta de sus bienes; por los ingresos por prestación de servicios; por los ingresos derivados de servicios concesionados o autorizados, y de los demás ingresos que obtenga.

1. CONCEPTO DE CONFEDERACIÓN

El concepto gramatical de Confederación es: "//1. Unión o alianza entre Estados que conservan su soberanía, asentada sobre la base de un tratado, para gestionar la defensa, las relaciones exteriores y otros intereses comunes. //3. Asociación de segundo grado integrada por otras asociaciones u organismos, constituida para la defensa de intereses sectoriales".[122]

Esta asociación se da entre las Cámaras para formar otra persona moral, la llamada Confederación de Cámaras. Así con los elementos presentes resulta que ésta es: "una persona moral, formada por la asociación únicamente de Cámaras Empresariales de un giro determinado, con el objeto principal de defender, concentrar y representar a sus miembros ante el Estado u otras instancias, y que al igual que las Cámaras empresariales, funge como organismo descentralizado de consulta".

2. TIPOS DE CONFEDERACIONES

Sólo existen dos tipos de Confederación, una integrada por las Cámaras que tienen la actividad comercial, de servicio y turis-

---

[122] Diccionario de la lengua española. Op. Cit. Edición electrónica. Versión electrónica 23.7.

mo, y otra integrada por las Cámaras que tienen por actividad la industria.

3. OBJETO DE LAS CONFEDERACIONES

La ley de Cámaras Empresariales y sus Confederaciones de 2005, en su artículo 9° enumera los objetos que tienen las Confederaciones: a. Representar los intereses generales de la actividad comercial o industrial, al igual que las Cámaras; b. Agrupar y coordinar los intereses de las Cámaras que las integran para coadyuvar a la unión y desarrollo de las mismas; c. Desempeñar la función de árbitro en las controversias de sus confederadas; d. Establecer relaciones de colaboración con instituciones equivalentes en el extranjero; e. Diseñar conjuntamente con sus confederadas los procedimientos para la autorregulación de niveles de calidad de los servicios que presten las Cámaras, y aplicarlos; f. Promover el sano desarrollo de las actividades que representan, y procurar elevar la ética empresarial en los negocios; g. Proponer al Estado la creación de nuevas Cámaras Empresariales; h. Además de los señalados anteriormente, a las Confederaciones también les señalan como objetos los mismos de las Cámaras Empresariales.

El artículo 4° de la mencionada ley establece como objeto de las Confederaciones ser órgano (sic) de consulta del Estado, al igual que con las Cámaras Empresariales me reservo la misma reflexión.

A lo largo de la ley también encontramos otros objetos asignados a las Confederaciones: tienen funciones exclusivas en la operación del SIEM, como lo señalan los artículos 41, 42, y 43, en donde las Confederaciones serán coordinadoras del trabajo que realicen los operadores del SIEM; las Confederaciones tienen la responsabilidad de trasmitir oportunamente a los operadores del SIEM la información que generé el Estado con relación a la operación del Sistema; además las Confederaciones tiene por objeto informar al sector empresarial sobre la operación del SIEM, con relación a su registro, o la actualización de datos, entre otros objetos de naturaleza similar. Pero las Confederaciones no podrán por sí mismas registrar o dar de alta a empresas y establecimientos en el SIEM, solamente facilitarán el registro de las empresas.

Las Confederaciones han tenido objetos idénticos a los de las Cámaras, a partir de 1936 donde aparece por primera vez la figura.

No hay razón jurídica para crear dos personas con los mismos objetos o casi idénticos, una de ellas puede hacer esas funciones sin ningún problema, y como beneficio se tendrían Cámaras Empresariales con finanzas más sanas, pues ya no tendrían la obligación de mantener a las Confederaciones.

4. LOS ÓRGANOS DE LAS CONFEDERACIONES

El órgano supremo y fundamental es la Asamblea General, la cual es integrada por los representantes de las Cámaras y determina el actuar de los demás órganos.

Cuentan para su funcionamiento tres tipos de órganos: a. El Consejo Directivo, que es el cerebro; b. los administrativos, encargados de la coordinación y buen funcionamiento interno; c. los ejecutivos, que son aquellos encargados de reproducir o materializar las órdenes.

La ley sugiere los órganos mínimos que deben tener, pero quién los determina definitivamente es la misma Confederación, en atención a sus necesidades, recursos materiales y humanos.

El Consejo Directivo se conforma por Presidente, Vicepresidente, Tesorero, y un Secretario, y en la propia ley se establecen las pautas para el modo de designación, la duración en el cargo, y lo referente a sus honorarios.

Así la Confederación de Cámaras Industriales en su Estatuto[123] establece sus órganos: la Asamblea General, el Consejo Directivo,

---

123 http://www.concamin.org.mx/inicio [10-marzo-2024]

la Comisión Ejecutiva y la Mesa Directiva. La Confederación de Cámaras de Comercio también establece en su Estatuto cuáles son sus órganos: la Asamblea General, y la Comisión Ejecutiva.

5. DE LOS DERECHOS DE LAS CONFEDERACIONES

Los derechos más importantes se dividen en tres grupos: A. Derechos a la información, B. Derechos económicos, y C. Derechos diversos.

A. Los derechos a la información comprenden el ser informada de los resultados de los procesos de elección de los órganos de gobierno de las Cámaras; y ser enterada por las Cámaras de lo que corresponde a la Confederación en concepto de ingresos obtenidos en la operación del SIEM.

B. Los derechos económicos, comprenden el solicitar y recibir de las Cámaras las contribuciones para el sostenimiento de la Confederación respectiva.

C. Derechos diversos, los cuales abarcan: determinar los perfiles y niveles de calidad de los servicios que deberán brindar las Cámaras a sus afiliados en términos de capacitación, comercio exterior, gestoría y asesoría técnica entre otros, y vigilar su cumplimiento; asimismo, convocar y estimular a las Cámaras para participar en las ferias, exposiciones, concursos y certámenes.

6. DE LAS OBLIGACIONES DE LAS CONFEDERACIONES

Las obligaciones de las Confederaciones se pueden agrupar en tres clases: A. Obligación para permitir y fomentar la participación en los órganos de gobierno de las Confederaciones, B. Obligación de representación, y C. Obligaciones diversas.

A. Obligaciones para permitir y fomentar la participación en los órganos de gobierno de las Confederaciones, como son:

convocar a las Cámaras afiliadas a participar con voz y voto en las asambleas y otros órganos de gobierno de la Confederación; convocar a procesos de elección que permitan y estimulen la participación de las Cámaras; permitir y propiciar que los representantes de las Cámaras sean propuestos y votados en elección para posiciones en los órganos de gobierno de la Confederación; y analizar las iniciativas que sometan a su consideración las Cámaras a través de sus órganos de gobierno, y dar respuestas fundadas sobre ello.

B. Obligaciones de representar en la Asamblea y en otros órganos de gobierno de la Confederación los intereses de sus afiliados conforme a la actividad económica o región que corresponden; a solicitud de las Cámaras representar y defender sus derechos e intereses.

C. Obligaciones diversas, como son: brindar a sus afiliados los servicios que ofrezca en términos de asesoría legal, técnica, consultoría, publicidad, tramitación, y capacitación; reconocer y apoyar a las Cámaras para operar el SIEM; entregar a las Cámaras la información necesaria y suficiente sobre la administración y el desempeño de la Confederación; igualmente prevenir y llevar a cabo las gestiones necesarias para evitar la disolución y liquidación de Cámaras.

La ley de Cámaras en su artículo 19 fracción XVI menciona una de las obligaciones de la Confederación: "Prevenir y llevar a cabo las gestiones necesarias, cuando proceda, para evitar la disolución y liquidación de Cámaras, vigilando que la actividad económica o región sean siempre representadas adecuadamente, y...".

Una vez más el legislador utiliza equivocadamente el vocabulario jurídico, en este caso la palabra "gestiones"; el Doctor Ernesto Gutiérrez y González da el concepto claro de gestión:

> "ES UN HECHO JURÍDICO ESTRICTO SENSU, EN VIRTUD DE LA CUAL UNA PERSONA QUE RECIBE EL NOMBRE DE GESTOR, SE ENCARGA VOLUNTARIA Y GRATUITAMENTE DE UN ASUNTO DE OTRA PERSONA QUE RECIBE EL NOMBRE DE DUEÑO, CON ÁNIMO DE OBLIGARLO, Y SIN SER SU REPRESENTANTE POR

DISPOSICIÓN DE LA LEY O POR CONVENIO, O POR ACTO UNILATERAL DE 'PODER'".[124]

No procede hablar de gestiones, pues por disposición de la ley es representante de las Cámaras Empresariales; no se encarga voluntariamente del asunto, pues está obligado por la ley a realizarlo; y no lo realiza gratuitamente, pues las Confederaciones cobran cuotas a las Cámaras para su sostenimiento económico.

124 Gutiérrez y González, Ernesto. "*Derecho de las Obligaciones*". 25ª edición. 1ª reimpresión. Editorial Porrúa. México. 2005. Pág. 589.

Capítulo III
Problemática

1. MARCO CONSTITUCIONAL

Es un pacto de unión de Estados (Entidades Federativas) para formar a otro Estado de tipo federal, y crear una nueva unidad política, jurídica, poblacional y territorial; de donde surgió el nombre del Estado Federal, "Estados Unidos Mexicanos".[125] En pocas palabras, es la creación de una persona, por el acuerdo de voluntades de los Estados integrantes de la federación.

Es la forma de Estado, la cual se caracteriza por estar compuesta por Entidades libres y soberanas; su fundamento en México se encuentra en la Constitución Política de los Estados Unidos Mexicanos en su artículo 40.[126]

El orden federal se divide en dos jerarquías: la federal y el de las Entidades Federativas, y el poder no se detenta únicamente en el centro o en el Estado Federal, sino también en las Entidades Federativas conforme a la Constitución Política de los Estados Unidos Mexicanos para tener un federalismo con descentralización política.

El Estado federal se rige por varios principios: a. Existe división de la soberanía entre la Federación y las Entidades Federativas (CPEUM Art. 40); b. Entre la Federación y las Entidades Federativas existen coincidencias sobre las decisiones fundamentales (CPEUM Art. 40 y Art. 115); c. Las Entidades Federativas pueden

---

125 Covián Andrade, Miguel. "*Teoría Constitucional*". 2ª Edición. Litografías y terminados El pliego. México. 2000. Pág. 386.

126 Burgoa Orihuela, Ignacio. "*Diccionario de Derecho Constitucional, Garantías y Amparo*". 7ª edición. Editorial Porrúa. México. 2003. Pág. 168, 169.

crear su propia Constitución de forma libre, pero sin contravenir la Constitución Federal; d. Existe una clarísima división de competencias entre la Federación y las Entidades Federativas: "todo aquello que no esté expresamente atribuido a la Federación es competencia de las Entidades Federativas" (CPEUM Art. 124).

La Constitución Política de los Estados Unidos Mexicanos ubica dentro del Título Tercero, Capítulo II, Sección III, del artículo 73 al 77 las facultades del Congreso Federal.

En el artículo 74 se establecen las facultades de la Cámara de Diputados; las de la Cámara de Senadores en el artículo 76; y en el artículo 78 las atribuciones de la Comisión Permanente durante el receso del Congreso de la Unión.

Las facultades legislativas del Congreso General de los Estados Unidos Mexicanos de acuerdo al criterio del Profesor Sánchez Bringas se clasifican en: de organización, tributarias, económicas, en materia de población, en materia de educación y cultura, en materia de salud, en materia de trabajo y previsión social, en materia de comercio, en materia de comunicaciones, en defensa nacional, para la jurisdicción federal, para la coordinación de seguridad pública, en las implícitas, y en otras materias diversas, pero dentro en ninguna de esas facultades encontramos que pueda legislar en materia de Cámaras Empresariales y sus respectivas Confederaciones.[127]

El Congreso Federal no tiene las facultades para expedir una ley que regule a las Cámaras de Comercio, de Servicio y de Turismo; a las Cámaras de Industria, o a sus respectivas Confederaciones, debido a la falta de fundamento constitucional.

En este sentido hay opinión que refuta la regulación en el ámbito federal de una materia que no está contemplada, y sobre la cual no se otorgó ninguna facultad al Congreso Federal, el Doc-

---

127 Sánchez Brigas, Enrique. "*Derecho Constitucional*". 8ª edición. Editorial Porrúa. México. 2003. Págs. 438-450.

tor en Derecho Javier Álamo menciona: "... no existe fundamento constitucional para que esta legislación sea federal, pues la actividad de las cámaras no está contemplada en el Artículo 73 constitucional".[128]

Es claro que el Congreso Federal tiene facultades para legislar en materia de comercio, pero no en materia de Cámaras Empresariales. Las Cámaras no son personas morales con calidad de comerciantes, ni de industriales, incluso tienen prohibido un fin de lucro. No se deben confundir a los integrantes de las Cámaras con la persona moral creada por ellos; basta recordar que, al crear a una persona moral, ésta adquiere personalidad distinta a la de sus creadores.

Tal vez la confusión de legislarlas en materia federal como si fueran personas sujetas a legislación mercantil fue por el nombre que tenían en un principio: "Cámaras de Comercio".

Esta confusión es evidente, generalizada y continua, una prueba de ello aparece en el libro editado por la Cámara de Comercio de la Ciudad de México, con motivo de su XCV aniversario en 1969. Pues tanto la Cámara de Comercio de la Ciudad de México, como la persona que realizó el ensayo "Evolución comercial de la Ciudad de México", el Ing. Julio Riquelme Inda, estimaron que las Cámaras de Comercio son sujetos en materia mercantil, pues pone como título al relato de la evolución de la legislación de Cámaras de Comercio, el de "LEGISLACIÓN MERCANTIL", manifestado a la letra:

> "LEGISLACIÓN MERCANTIL
>
> "La primera Ley de Cámaras de Comercio fue promulgada el 12 de junio de 1908, siendo presidente de la República el General Porfirio Díaz y Secretario de Estado y del Despacho de Hacienda y Crédito, el Lic. José Ives Limantour. Este ordenamiento fijaba el principio de que las instituciones tendrían personalidad civil".[129]

---

[128] Álamo Gutiérrez, Javier. Op. Cit. Pág. 203.

[129] CANACO. Op. Cit. Pág. 64.

Y párrafos más adelante, dice:

> "Esta nueva ley de 1936 tuvo en realidad una vida efímera, pues cinco años más tarde se sometió a la consideración del Poder legislativo un nuevo proyecto de Ley que fue muy discutido y finalmente aprobado con las debidas modificaciones, por el Congreso de la Unión y promulgada el 2 de mayo de 1941".[130]

Y a pesar de primero sostener que tendrían personalidad civil, dan a entender que las leyes que han regido a las Cámaras de Comercio, hoy llamadas Cámaras Empresariales, "son materia mercantil". Es evidente el desorden mental al no recordar, que la persona moral, tiene personalidad diferente a la de sus creadores, y que si sus fundadores son comerciantes, industriales o prestadores de servicios turísticos, no implica que necesariamente las Cámaras tengan esa actividad, y menos cuando les está prohibida por la misma ley que los rige.

De la esencia y naturaleza de esta figura, resulta que las Cámaras no tienen fines de lucro, y si lo hicieran irían contra su naturaleza. Entonces se entiende que las Cámaras no son sujetos del Derecho mercantil, aunque tengan una gran relación, e influencia entre sí.

2. LA CONFUSIÓN EN LA NATURALEZA JURÍDICA DE LAS CÁMARAS DE COMERCIO

En 1936 le fueron otorgadas facultades al Poder Ejecutivo Federal por medio de un decreto para que pudiera legislar en "materia de Comercio, Minas, Petróleo, Industria eléctrica; para reformar la Ley de Pesas y Medidas y la Ley Orgánica del artículo 28 constitucional", y con base en ello el presidente Lázaro Cárdenas expidió la "Ley de Cámaras de Comercio e Industria". Gran error cometió pues las Cámaras no eran materia de comercio, ya que no tenían fines de lucro, por tal razón, se legisló sobre una materia

---

[130] IDEM.

para la que no tenía facultad y esa equivocación se dio al dejarse llevar por el nombre "Cámaras de comercio" y pensar que como la figura tenía el nombre de Comercio se dedicarían a ello.

3. LA INVASIÓN DE COMPETENCIAS

Para delimitar las facultades entre el Estado Federal y las Entidades Federativas, incluidas las facultades legislativas, existe un principio, determinado en la Constitución Política de los Estados Unidos Mexicanos que fija: "Artículo 124. Las facultades que no están expresamente concedidas por esta Constitución a los funcionarios federales, se entienden reservadas a los Estados o a la Ciudad de México, en los ámbitos de sus respectivas competencias".

De manera tajante se hace la división de las competencias entre Federación y las Entidades, y no da lugar a ninguna interpretación.[131] Este artículo delimita claramente que la Constitución Política de los Estados Unidos Mexicanos sino confiere expresamente la facultad para legislar al Estado federal en un tema o materia determinada, entonces le corresponde realizarlo al Estado local. Bajo esta premisa, si la Constitución no faculta expresamente al Estado Federal para legislar en materia de Cámaras Empresariales, y las Confederaciones, no debieran estar sujetas a la regulación federal.

El artículo 73 fracción décima determina:

> "Artículo 73.—El Congreso tiene facultad: ... X. Para legislar en toda la República sobre hidrocarburos, minería, industria cinematográfica, comercio, juegos con apuestas y sorteos, intermediación y servicios financieros, energía eléctrica y nuclear, y para expedir las leyes del trabajo reglamentarias del Artículo 123;"

---

131 Gámiz Parral, Máximo N. "*Derecho Constitucional y Administrativo de las Entidades Federativas*". Series: Doctrina Jurídica Núm. 22. UNAM-Instituto de Investigaciones Jurídicas. México. 2000. Pág. 131.

En atención a esto, las legislaturas locales de los Estados integrantes de la Federación pueden legislar acerca sobre lo que no está expresamente señalado como facultad exclusiva del Congreso en el artículo citado, por lo que les corresponde a las entidades estatales legislar respecto de la asociación de comerciantes e industriales que llaman Cámaras de Comercio, de Industria o Confederaciones.

Las facultades implícitas del Congreso General son aquellas que se dan sin estar expresamente determinadas, pero que por su naturaleza son accesorias de las facultades expresas y resultan indispensables para hacer efectivas a las otras, con la limitante que estás no pueden ir más allá de lo señalado explícitamente por la Constitución, ni vulnerar, ni violar las facultades de las Entidades Federativas.[132] La facultad implícita no se autoriza como una facultad nueva, sino que solamente sirve para hacer efectivas todas las fracciones del artículo 73 de la Constitución Política de los Estados Unidos Mexicanos, las cuales son facultades expresas.[133]

El aparente pero erróneo fundamento que débilmente se podría invocar, para legislar federalmente sobre Cámaras Empresariales, sería el artículo 73, fracción XXXI, de la Constitución Política de los Estados Unidos Mexicanos, que determina: "El Congreso tiene facultad: ...XXXI. Para expedir todas las leyes que sean necesarias, a objeto de hacer efectivas las facultades anteriores y todas las otras concedidas por esta Constitución a los Poderes de la Unión".

Su redacción pareciera ambigua, ya que por ella el Congreso Federal podría incluir todo lo que quisiera, y por encima de quién sea por lógico o ilógico que pareciera. Por esta razón la doctrina ha marcado un límite, y dice que las facultades implíci-

---

132 Fernández Ruiz, Jorge. "*Poder Legislativo*". 2ª edición. Editorial Porrúa. México. 2004. Págs. 321, 322.

133 Carbonell, Miguel-coordinador-. "*Diccionario de Derecho Constitucional*". UNAM-Instituto de Investigaciones Jurídicas. Editorial Porrúa. México. 2002. Pág. 244.

tas, nunca deben ir más allá del contenido de las explicitas. Como se desprende al establecer "... hacer efectivas las facultades anteriores...", lo que deja en claro que no se trata de una facultad más.

No hay técnica jurídica posible para apoyarse en tal fracción para expedir una ley con relación a las Cámaras Empresariales y sus Confederaciones, es cierto que esta ley es necesaria y tiene un papel importante en la vida económica y comercial del país, pero no por ello están inmersas en el ámbito mercantil, pues justo dentro de sus objetivos y prohibiciones de las Cámaras está el no tener fines de lucro. Por lo tanto, la fracción XXXI se entiende como la facultad otorgada al Congreso Federal para expedir leyes que puedan apoyar, fortalecer y coordinar las leyes antes contempladas en este artículo, pero nunca se puede ir más lejos de las allí establecidas, ni usar está fracción como el comodín o estirarla y manipularla de forma arbitraria.

No existe dentro de todas las fracciones del artículo 73 de la Constitución disposición alguna que amerite ser complementada para la expedición de la ley de Cámaras y sus Confederaciones. Esto está fuera de las facultades del Congreso federal.

Resulta obvio que los distintos legisladores han caído en el muy común uso de supuestas facultades implícitas para la expedición de leyes que de ninguna manera pueden sustentarse en una facultad explícita,[134] a pesar de que ello signifique violentar el estado de Derecho.

---

[134] Gámiz Parral, Máximo N. Op. Cit. Pág. 143.

Capítulo IV

Ley de Cámaras Empresariales y sus Confederaciones, publicada en el Diario Oficial de la Federación el 20 de enero de 2005

Surgió de la unión de varias iniciativas presentadas por diputados del PAN, PRD y PRI, las cuales fueron turnadas a la Comisión de Economía de la Cámara de Diputados de los Estados Unidos Mexicanos de la LIX legislatura para su estudio. Al efecto se unieron la Confederación de Cámaras de Comercio Servicios y Turismo, la Cámara Nacional de la Industria de la Transformación, la Cámara de Comercio, Servicio y Turismo de la Ciudad de México. La Comisión de Economía presentó el dictamen para la expedición de la nueva Ley de Cámaras Empresariales y sus Confederaciones el 5 de noviembre de 2004.[135]

Los objetivos[136] esenciales de la nueva ley fueron:

1. Fortalecer el Sistema de Información Empresarial Mexicano al aclarar sus metas y las características de éste.
2. Actualizar el nombre de "Secretaría de Comercio y Fomento Industrial" por el de "Secretaría de Economía".
3. Establecer en la ley las definiciones de Estado, comerciantes, industriales, Cámaras, Confederaciones, SIEM, entre otras más.
4. Incorporar las finalidades de las Cámaras y sus Confederaciones.

---

135 Véase la publicación de la versión estenográfica de la sesión del 5 de noviembre de 2004. Cámara de Diputados-Dirección de Registro Parlamentario. Turno 33 Hoja 2.

136 IDEM.

5. Señalar los derechos y obligaciones de las Cámaras ante su Confederación y viceversa, además determinar los derechos y obligaciones de los afiliados con su Cámara respectiva.
6. Establecer cambios a los requisitos mínimos para crear una Cámara, así como los contenidos indispensables en los estatutos de las Cámaras y de las Confederaciones.
7. Fortalecer las atribuciones del Estado a través de la Secretaría de Economía sobre las Cámaras y sus Confederaciones.
8. Incrementar las sanciones a las Cámaras y Confederaciones.
9. Incorporar el recurso de revisión en los términos de la Ley de Procedimiento Administrativo.

Algunos legisladores se opusieron a la creación de la ley y lo manifestaron en el debate del 5 de noviembre de 2004. El Diputado Federal Víctor Adrián Suárez Carrera del PRD fue uno de ellos, pues consideró que la ley pretendía imponer un sistema corporativo de representación empresarial, la cual es arcaica para este tiempo. Resaltó que las Cámaras representaban únicamente a los sectores minoritarios, a las cúpulas empresariales, en contra de las micro, pequeñas y medianas empresas.

Fue un tema de desacuerdo el Sistema de Información Empresarial Mexicano, al cual tildaron de inmoral pues sólo se dedicaría a suministrar recursos económicos a las Cámaras, y también criticó que el registro sólo se pudiera realizar ante las Cámaras, sin tener opción de otra instancia para registrarse. Por último, propuso realizar una Ley de Asociaciones Empresariales democráticas.

Solamente este orador se opuso y finalmente fue aprobada en lo general por 337 votos, 6 en contra y 11 abstenciones. Posteriormente pasó al Senado de la República en calidad de Cámara revisora.[137]

---

137 Véase la publicación de la versión estenográfica de la sesión del 5 de noviembre de 2004. Cámara de Diputados-Dirección de Registro Parlamentario. Turno 37 Hoja 1.

En la sesión pública ordinaria[138] de la Cámara de Senadores, celebrada el jueves 2 de diciembre de 2004 se discutió la creación de la nueva Ley de Cámaras Empresariales y sus Confederaciones con tan sólo 71 legisladores, número suficiente para que existiera quórum.

En la discusión para la aprobación de la nueva ley, tomó la palabra el Senador Raúl Ojeda Zubieta, expresando su preocupación por no existir en el país Cámaras y Confederaciones que representen los intereses de los prestadores de servicios turísticos de forma directa ante el gobierno federal. el El legislador consideró que los prestadores de servicios turísticos tienen capacidad para formar una Cámara y una Confederación, dado que ellos son un elemento importante en la vida económica del país. Las Cámaras y Confederaciones existentes interactuaban con el Estado a través de su Secretaría de Economía, lo cual para los prestadores de servicios turísticos afiliados a las Cámaras de Comercio no les favorecía, pues lo ideal sería que estos formaran su propia Cámara y Confederación e interactuaran con el Estado a través de la Secretaría de Turismo y propuso crear Cámaras de Turismo y una Confederación de Cámaras de Turismo.

A favor de la creación de la ley estuvo el Senador Humberto Roque Villanueva, argumentó que la figura de las Cámaras es necesaria en México para enfrentar las crisis venideras, como una forma de coordinar sectores. Con relación a la propuesta de la creación de la Confederación y de las Cámaras de Turismo creyó que no era necesaria.

El Senador César Raúl Ojeda Zubieta contestó en ese momento al Senador Roque Villanueva, y argumentó que en México la figura de las Cámaras y de las Confederaciones como lo establece el proyecto de ley era inoportuno, y sostuvo que era apto crear las Cámaras y Confederación de Turismo, pues la real interlocución

---

138 Véase versión estenográfica. Legislatura LIX. 1er. Período Ordinario del dos de diciembre de dos mil cuatro.

del Estado y del sector turístico se realizaba a través de la Asociación Mexicana de Hoteles, de la Asociación Mexicana de Agencias de Viajes, de la Asociación Mexicana de Desarrolladores Turísticos, de la Asociación Nacional de Cadenas de Hoteles, y no con la CONCANACO.

La propuesta del legislador no fue aprobada para su discusión, por lo que se procedió a la votación de la ley tanto en lo general como en lo particular, y con 92 votos a favor, uno en contra y 3 abstenciones, los Senadores aprobaron la nueva ley de Cámaras y Confederaciones.

Posteriormente se regresó a la Cámara de origen para que aprobaran las reformas y adiciones que hizo la Cámara revisora, y después de ello, fue aprobada y remitida al Poder Ejecutivo para su debida publicación.

La ley está compuesta por cinco títulos llamados:

Título Primero "Disposiciones Generales" integrada por dos capítulos: Capítulo Primero "Disposiciones Generales", y Capítulo Segundo "De las Cámaras y Confederaciones".

En el primer capítulo establecen los dos objetos fundamentales de la ley: normar la constitución y funcionamiento de las Cámaras de Comercio, Servicios y Turismo, y de las Cámaras de Industria; y de las Confederaciones; asimismo normar al Sistema de Información Empresarial Mexicano.

Dentro de este mismo capítulo fija algunos conceptos, como Estado, secretaría, comerciantes, industriales, Cámaras, Confederaciones, circunscripción, y SIEM.

En el capítulo segundo, se establece la naturaleza jurídica de las Cámaras de Comercio, Cámaras de Industria, y las Confederaciones. También contiene la forma de integración del nombre de las Cámaras y Confederaciones.

En este mismo capítulo se localizan las atribuciones y facultades que tiene el Estado a través de la Secretaría de Economía frente a las Cámaras y las Confederaciones.

Título Segundo "Del Objeto, Circunscripción y Actividades de las Cámaras y Confederaciones" compuesto por ocho capítulos: Capítulo Primero "Del Objeto"; Capítulo Segundo "De la circunscripción, actividades, giros y regiones"; Capítulo Tercero "De la Constitución de las Cámaras"; Capítulo Cuarto "De los Estatutos de Cámaras y Confederaciones"; Capítulo Quinto "De la Asamblea General"; Capítulo Sexto "Del Consejo Directivo y de los funcionarios"; Capítulo Séptimo "Del Patrimonio de las Cámaras y sus Confederaciones"; y Capítulo Octavo "De las Delegaciones".

En su capítulo primero enumera de forma enunciativa: los objetos de las Cámaras, de las Confederaciones y de los integrantes de las Confederaciones. En el segundo capítulo establece la circunscripción de las Cámaras de Comercio y de las Cámaras de Industria, así como la clasificación de acuerdo con su actividad de estas últimas. En el capítulo tercero norma la forma en la cual se puede obtener la autorización para operar como Cámara, asimismo los requisitos que deben reunir.

En el capítulo cuarto refiere los elementos mínimos que deberá contener el estatuto de la Cámara y de la Confederación, así como los derechos y obligaciones de los afiliados frente a las Cámaras, y de las Cámaras frente a las Confederaciones, y también de las Confederaciones frente a las Cámaras. Establece de manera importante que la afiliación a las Cámaras será un acto voluntario de comerciantes y de industriales.

En su capítulo quinto y sexto se norma lo referente a los órganos de las Cámaras y de las Confederaciones. En el capítulo séptimo determina para qué y qué comprende el patrimonio pecuniario de las Cámaras y de las Confederaciones. En su último capítulo establece la figura de las delegaciones, su naturaleza jurídica, y la forma de su constitución.

Título Tercero "Del Sistema de Información Empresarial Mexicano". Determina la naturaleza jurídica del SIEM, sus objetivos, sus características, el tipo de información que proporciona, su administración, y el establecimiento de las reglas de operación del SIEM.

Título Cuarto "Disolución y Liquidación de las Cámaras". Compuesto por dos artículos, en el primero fija las tres causas para disolver una Cámara: la primera es por acuerdo de la Asamblea General; la segunda es cuando la Cámara no cuente con recursos suficientes para su sostenimiento o con lo suficiente para el cumplimiento de su objeto; y la tercera causa de disolución, se da cuando el Estado a través de la Secretaría de Economía emita una resolución revocando su autorización, con fundamento en la ley.

En el segundo artículo de este título norma la liquidación de las Cámaras, la cual estará a cargo de al menos un representante del Estado, uno de la Confederación respectiva y otro de la Cámara que se trate.

Título Quinto "Sanciones". Integrada por dos capítulos: Capítulo Primero "Sanciones", y Capítulo Segundo "Del Recurso de Revisión". En el primer capítulo se establecen las causas para amonestar o en su caso la aplicación de multas a las Cámaras o las Confederaciones. También contempla las sanciones a los comerciantes e industriales que no cumplan con la obligación del Sistema de Información Empresarial Mexicano.

El capítulo segundo establece que las personas inconformes con alguna resolución, fundada en la Ley y demás disposiciones derivadas de ella, dictada por la Secretaría de Economía, podrán interponer recurso de revisión como lo establece el artículo 45:

> "Artículo 45.—Las personas afectadas por las resoluciones dictadas por la Secretaría, con fundamento en esta Ley y demás disposiciones derivadas de ella, podrán interponer recurso de revisión en los términos de la Ley Federal de Procedimiento Administrativo."

En las disposiciones transitorias establece la entrada en vigor de la ley un día después de su publicación, con lo cual abrogó a la Ley de Cámaras Empresariales y sus Confederaciones publicada en el Diario Oficial de la Federación el 20 de diciembre de 1996. Además, en las disposiciones transitorias otorgó un plazo de un año a todas las Cámaras y Confederaciones para adecuar sus Estatutos a las disposiciones de la nueva ley. Las Cámaras que operaban el SIEM desde antes de la entrada en vigor de esta ley, mantendrían la vigencia de su autorización.

En el artículo transitorio octavo, dispone que el Estado a través de la Secretaría de Economía con la participación de las Cámaras y de las Confederaciones elaborará un proyecto del Reglamento de la ley, supuestamente en un plazo no mayor a seis meses a partir de su publicación en el Diario Oficial de la Federación:

> "ARTÍCULO OCTAVO.—La Secretaría, con la participación de las Cámaras y Confederaciones, elaborará un proyecto del Reglamento de esta Ley, en un plazo no mayor a seis meses de su publicación en el Diario Oficial de la Federación".

El legislador debió ser claro y decir que no únicamente se creará el proyecto, sino que era necesario publicar el Reglamento, puede cumplir la autoridad con la elaboración del proyecto y guardarlo en el cajón del olvido, y con eso habrá cumplido con el artículo transitorio de la ley.

1. DISQUISICIÓN DE LA LEY

El punto inicial es sobre el artículo primero que establece: "La presente Ley es de orden público y de observancia en todo el territorio nacional".

Toda la ley, legislación vigente o derecho positivo, es de orden público, pues es un elemento esencial de la misma.[139] Ya que las leyes no se crean para regular a una persona en específico, o en particular, ni de forma privada, porque sí sucedería eso, ya no sería ley. Por tal razón, está mal redactado, ya que va en contra de los principios jurídicos básicos de no redundancia, lo cual es

---

139 Álamo Gutiérrez, Javier. Op. Cit. Pág. 203

necesario para evitar problemas de interpretación y aplicación de los preceptos normativos.[140]

El segundo punto para analizar se encuentra en el:

> "Artículo 2.—Para los efectos de esta Ley, se entenderá por:
>
> "I. Estado: la sociedad mexicana que habita el territorio nacional y es regida por un gobierno conformado por los Poderes Ejecutivo, Legislativo y Judicial en un Estado de Derecho enmarcado por la Constitución General de la República y las Leyes que se derivan de ella.
>
> II. Secretaría: la Secretaría de Economía".

En la primera fracción da el concepto de Estado de forma errónea, pues para nada hace mención que es una persona moral, ficticia e inmaterial, da un concepto desde el punto de vista sociológico, lo cual es insuficiente y equivocado invocar en un texto jurídico. Debemos tener presente que el Estado dentro de la Ciencia del Derecho es una persona. Además, de forma negligente e incluso inconstitucional invoca a una "Constitución General de la República" la cual no existe. El nombre correcto es "Constitución Política de los Estados Unidos Mexicanos", está aseveración no es a la ligera, sino fundada en la misma Constitución.

Además, no se puede omitir el nombre del Estado, que en este caso es el de Estados Unidos Mexicanos y sustituirlo por "la República", pues esto quedó claro desde el Congreso Constituyente de 1916-1917, en la sesión de 12 de diciembre de 1916 por voz del diputado Luis Manuel Rojas:

> "La palabra República, en efecto, no puede significar de ninguna manera la idea de federación; la palabra "república" por su tradición, está asociada a los antecedentes del sistema central; representa siempre una república unitaria; ... En cambio, la frase, "Estados Unidos Mexicanos" connota la idea de estados autónomos e independientes en su régimen interior, que sólo celebran un pacto para su representación exterior y para el ejercicio de su soberanía; de manera que no hay absolutamente otra forma mejor de decir:

---

140 López Ruiz, Miguel. Op. Cit. Pág. 13,17.

> Estados Unidos Mexicanos y la prueba es que todas las naciones que han aceptado este progreso han ido a igual expresión...".[141]

Con todos estos elementos queda claro es un error invocar la "Constitución General de la República", pues va en contra del espíritu de la verdadera Constitución. Algunas personas usan frases equivalentes para referirse a la Constitución Política de los Estados Unidos Mexicanos con la finalidad de evitar repeticiones cansadas, pero en una ley no está permitido, debe ser exacta y sin ambigüedades.

Con relación a la segunda fracción se considera incompleta pues debería decir: "II. Secretaría: la Secretaría de Economía del Poder Ejecutivo de los Estados Unidos Mexicanos".

De esta manera se tendría más certeza, y se aclara que la Secretaría de Economía no tiene personalidad, solamente es un órgano del Estado.

Otro detalle que sobresale a la vista se encuentra en el:

> "Artículo 7.—Las Cámaras tendrán por objeto:
>
> "I. Representar, promover y defender los intereses generales del comercio, los servicios, el turismo o de la industria según corresponda, como actividades generales de la economía nacional anteponiendo el interés público sobre el privado;...".

Sin embargo, la Cámara como persona moral no puede representar los intereses generales del comercio, (o de los servicios, o del turismo o de la industria), dado que el comercio es una actividad lucrativa, no una persona, por lo tanto el comercio no se puede representar ni ser representado en nuestro sistema jurídico, no tienen personalidad. En el Derecho mexicano únicamente pueden ser representadas las personas por personas.

---

141 Gutiérrez y González, Ernesto. "*Derecho Administrativo y Derecho Administrativo al estilo mexicano*". Op. Cit. Págs. 694, 695.

2. REGLAMENTO DE LA LEY DE CÁMARAS EMPRESARIALES Y SUS CONFEDERACIONES

El poder ejecutivo tiene tres facultades con relación a la función legislativa: a. la facultad de promulgar las leyes, b. la facultad de ejecutar las leyes, y c. la faculta reglamentaria.

El reglamento es la norma jurídica que expide el Estado a través del Órgano Ejecutivo como uso de su facultad reglamentaria,[142] con el objeto de facilitar la exacta observancia de las leyes expedidas por el Órgano Legislativo.[143]

Ninguna de las leyes que regularon a las Cámaras en el siglo XX tuvieron reglamento, a pesar de que algunas hacían la referencia de que debían existir, así se aprecia en la expedida durante el gobierno de Porfirio Díaz en el año de 1908 llamada "Ley de Cámaras Nacionales de Comercio", en sus disposiciones transitorias facultaban al Órgano Ejecutivo para la elaboración y expedición de los reglamentos necesarios, con la finalidad de apoyarse para una exacta aplicación de la ley.

En la exposición de motivos de la "Ley de Cámaras de Comercio e Industria" de 1936, durante el gobierno de Lázaro Cárdenas, se fijó la postura de no expedir reglamento alguno para la ley por la poca efectividad del reglamento, pues se decía que un reglamento general era arcaico para adaptarlo a las necesidades de un país muy grande y heterogéneo. Por esa razón, decidieron que el reglamento sería sustituido por el estatuto aprobado para cada Cámara.

La "Ley de las Cámaras de Comercio y de las de Industria" del año de 1941, durante el gobierno de Manuel Ávila Camacho, no hace referencia sobre su reglamento.

En la Ley de Cámaras Empresariales y sus Confederaciones" expedida a finales del año de 1996 que entró en vigor el 1 de enero de 1997, hace varias referencias al reglamento entre ellas:

---

142 Gabino Fraga. Op. Cit. Págs. 104, 105.
143 IDEM.

"ARTÍCULO 6o. La Secretaría tendrá las siguientes atribuciones y facultades... IX. Expedir los acuerdos de carácter general necesarios para el cumplimiento de esta ley y su **reglamento**;

"ARTÍCULO 7o. El **reglamento** definirá las características de las empresas que podrán constituir cámaras de comercio en pequeño, en atención al personal empleado e ingresos anuales de las empresas.

"ARTÍCULO 10. Las cámaras tendrán por objeto: ... V. Operar, con la supervisión de la Secretaría, el Sistema de Información Empresarial Mexicano, en los términos establecidos por esta ley y su **reglamento**;

"ARTÍCULO 17. La afiliación a las cámaras será un acto voluntario de las empresas. Los afiliados tendrán los siguientes derechos y obligaciones ante su cámara: ... VI. Cumplir las resoluciones de la asamblea general y demás órganos, adoptadas conforme a esta ley, su **reglamento** y los estatutos, y VII. Los demás que establezcan el **reglamento** de esta ley o los estatutos".

"ARTÍCULO 18. Las cámaras tendrán los siguientes derechos ante su confederación: ... V. Los demás que establezca la presente ley, su **reglamento** o los estatutos de la confederación respectiva".

"ARTÍCULO 19. Las cámaras tendrán las siguientes obligaciones respecto a su confederación: ... VI. Las demás que establezca el **reglamento** de esta ley o los estatutos de la confederación".

"ARTÍCULO 35. La Secretaría sancionará con multa de dos mil a tres mil salarios mínimos a las cámaras o confederaciones que incurran en las conductas siguientes: ... II. Operar el Sistema de Información Empresarial Mexicano fuera del ámbito de la actividad o circunscripción que les corresponda, o en contravención de lo previsto en esta ley, su **reglamento** o en los acuerdos de carácter general que emita la Secretaría;".

La Ley hacía referencia de un reglamento que no existió y que la ley le delega regular puntos importantes de las Cámaras.

Incluso la ley hace referencia al reglamento en temas importantes como el SIEM, al establecer que las Cámaras al operar el SIEM deben apegarse a las disposiciones del reglamento.

Tanto los afiliados a las Cámaras, como las mismas Cámaras tuvieron "a medias" sus derechos y obligaciones, pues la ley menciona algunas de ellas pero no en su totalidad, ya que establece que las demás serán establecidas por el reglamento, el cual no existió en muchos años, y aunque el reglamento no puede otorgar más derechos y obligaciones que la misma ley, no es menos cierto que la ley deja en la incertidumbre al mencionar la existencia de un reglamento "fantasma", el cual puede referir y precisar algún derecho u obligación.

3. EL REGLAMENTO EN LA LEY VIGENTE

El Reglamento fue publicado en el Diario Oficial de la Federación el 9 de febrero de 2012, a pesar que el artículo octavo transitorio de la ley mencionada que la Secretaría de Economía, con la participación de las Cámaras y Confederaciones, elaborarían un proyecto del Reglamento de la Ley, en un plazo no mayor a seis meses de su publicación en el Diario Oficial de la Federación, la ley fue publicada el 20 de enero de 2005.

4. FUERTES ASOCIACIONES DE COMERCIANTES ACTUALMENTE

Actualmente existen asociaciones empresariales, industriales o prestadoras de servicios de gran importancia y fuerza política, lo que deja en segundo plano a las Confederaciones y a las Cámaras Empresariales, una de ellas es el llamado Consejo Coordinador Empresarial.[144]

El CCE fue constituido en agosto de 1976, con objeto de coordinar, unificar y representar al sector empresarial, misión similar a la que realizan las Cámaras Empresariales y sus Confederaciones.

Dentro de los asociados del Consejo Coordinar Empresarial están: la Confederación de Cámaras Industriales de los Estados Unidos Mexicanos (CONCAMIN), Confederación de Cámaras Nacional de Comercio, Servicio y Turismo (CONCANACO-SER-

---

144 https://cce.org.mx/ [10-marzo-2024]

VYTUR), Confederación Patronal de la República Mexicana (COPARMEX), Asociación de Bancos de México, A. C. (ABM), Consejo Mexicano de Hombres de Negocios (CMHN), Asociación Mexicana de Instituciones de Seguros, A. C. (AMIS), y Consejo Nacional Agropecuario (CNA); asimismo en su Comisión ejecutiva cuentan con invitados permanentes, como la: Cámara Nacional de Comercio de la Ciudad de México (CONCANO), Cámara Nacional de la Industria de la Transformación (CANACINTRA), Asociación Mexicana de Intermediarios Bursátiles, A C. (AMIB), Consejo Empresarial Mexicano de Comercio Exterior, Inversión y Tecnología, A.C. (COMCE) y la Asociación Nacional de Tiendas de Autoservicios (ANTAD).

Entre asociados e invitados permanentes del Consejo Coordinar Empresarial forman un gran grupo que generan un factor real de poder. Con el poder que tiene el Consejo Coordinar Empresarial duplica las funciones de las Cámaras Empresariales y sus Confederaciones, y esto no es una suposición, sino que ellos mismos dicen que el Consejo realiza funciones como: a. la interacción entre los organismos empresariales, al intercambiarse información; b. la defensa de la economía de mercado libre, al desarrollar actividades para consolidar la economía de mercado; c. ser vocero del sector empresarial, al dialogar directamente con el Estado, como una sola voz de todos sus asociados permanentes e invitados; y d. además, participa e influye en la elaboración de leyes en el país. De esta manera vemos claramente que las Cámaras Empresariales y sus Confederaciones son duplicadas en sus objetivos, pero con una mayor fuerza, a tal grado que ellos forman sola una parte de ese Consejo.

Las Cámaras Empresariales necesitan un cambio para mejorar, pues de seguir esta figura sin sustento constitucional y con funciones duplicadas con organismos más fuertes, tendrán como fin lógico la desaparición, en el mejor de los casos, o convertirse en un armatoste, como lo son sus Confederaciones actualmente.

Bibliografía

Álamo, Javier. Los 140 tipos de personas reconocidas por el Derecho Mexicano. La Sociedad Anónima Mexicana, no es Anónima, es nominada. La Sociedad de Gestión Colectiva, no es de Gestión, es representativa simple. Editorial Porrúa. 2000.

Alba Vega, Carlos; (coordinador). Historia y Desarrollo Industrial de México. Publicado por Confederación de Cámaras Industriales de los Estados Unidos Mexicanos, en colaboración con el Colegio de Jalisco. 1988.

Borchart de Moreno, Christiana Renate; Traducido por Zenker, Alejandro del Kaufmannschaft und handelskapitalismus in der stadt México. Los mercaderes y el capitalismo en la Ciudad de México: 1759-1778. Fondo de Cultura Económica. 1984.

Burgoa Orihuela, Ignacio. Diccionario de Derecho Constitucional, Garantías y Amparo. 7ª edición. Editorial Porrúa. 2003.

CANACO. XCV Aniversario de la Cámara de Comercio de la Ciudad de México. Edición por el Aniversario de la Cámara. Editado por CANACO. 1969.

Carbonell, Miguel; (coordinador). Diccionario de Derecho Constitucional. UNAM-Instituto de Investigaciones Jurídicas. Editorial Porrúa. 2002.

Carrera Stampa, Manuel. Los gremios mexicanos: la organización gremial Nueva España, 1521-1861. Colección de Estudios Histórico-Económicos Mexicanos de la Cámara Nacional de la Industria de Transformación. Editorial EDIAPSA. 1954.

Covián Andrade, Miguel. Teoría Constitucional. 2ª Edición. Litografías y terminados El Pliego. 2000.

Dublán, Manuel y Lozano, José María. De las Disposiciones Legislativas. Expedidas desde la independencia de la República. Legislación Mexicana. Colección completa. Edición oficial. Tomo IV. Imprenta del Comercio, a cargo de Dublán y Lozano, hijos. 1876.

Fernández Ruiz, Jorge. Poder Legislativo. 2ª edición. Editorial Porrúa. 2004.

Fraga, Gabino. Revisada y actualizada por Manuel Fraga. Derecho Administrativo. 44° edición. Editorial Porrúa. 2005.

Gámiz Parral, Máximo N. Derecho Constitucional y Administrativo de las Entidades Federativas. Series: Doctrina Jurídica Núm. 22. UNAM-Instituto de Investigaciones Jurídicas. 2000.

Gutiérrez y González, Ernesto. El Patrimonio, El pecuniario y el Moral o Derechos de la Personalidad. Octava Edición, corregida y actualizada. Editorial Porrúa. 2004.

Gutiérrez y González, Ernesto, Ante proyecto y comentarios por el Licenciado. "Código Civil para el Estado de Nuevo León". Tomo 1. Gobierno del Estado de Nuevo León. 1991.

Gutiérrez y González, Ernesto. Derecho Administrativo y Derecho Administrativo al Estilo Mexicano. Segunda Edición corregida y actualizada. Editorial Porrúa. 2003.

Gutiérrez y González, Ernesto. Derecho de las Obligaciones. 25ª edición. 1ª reimpresión. Editorial Porrúa. 2005.

López Ruiz, Miguel. Redacción Legislativa. Segunda edición corregida y aumentada. Editorial Porrúa. 2005.

Quintana Adriano, Elvia Arcelia. Ciencia del Derecho Mercantil, Teoría, Doctrina e Instituciones. Editorial Porrúa. 2002.

Rocco, Alfredo. Traducido por Garrigues Joaquín. Principios de Derecho Mercantil, parte general. Revista de Derecho Privado. 1931.

Sánchez Brigas, Enrique. Derecho Constitucional. 8ª edición. Editorial Porrúa. 2003.

Santiago Cruz, Francisco. Las artes y los gremios en la Nueva España. Editorial JUS. 1960.

Tena Ramírez, Felipe. Leyes fundamentales de México 1808–1998. 21ª Edición. Editorial Porrúa. 1998.

Treviño García, Ricardo. Los contratos civiles y sus generalidades. Sexta edición. McGraw-Hill. 2002.

Universidad Nacional Autónoma de México-Instituto de Investigaciones Jurídicas. Revista de Derecho Privado. Serie Jurídica. Año 7, número 19. Enero-Abril 1996.

Universidad Nacional Autónoma de México-Instituto de Investigaciones Jurídicas. Coordinadores Cienfuegos Salgado, David López Olvera, y Miguel Alejandro. Estudios en homenaje a Don Jorge Fernández Ruiz. Derecho Constitucional y Política. México. 2005.

Zermeño, Francisco T. Las Cámaras de Comercio en el Derecho Mexicano. Edición de Impresores Asociados. 1964.

Revistas, Diarios Oficiales, Gacetas y Versiones Estenográficas

Diario Oficial de la Federación de los Estados Unidos Mexicanos, de fecha viernes 20 de diciembre de 1996, número 15, tomo XXIX.

Diario Oficial de los Estados Unidos Mexicanos, de fecha 12 de junio de 1908. Número 37. Tomo XCVI.

Diario Oficial de los Estados Unidos Mexicanos, de fecha martes 26 de agosto de 1941, número 49, tomo CXXVII.

Diario Oficial de los Estados Unidos Mexicanos, Sección primera, número 50, tomo XCVII, del día jueves 27 de agosto de 1936.

Gaceta parlamentaria. Año III. No. 36. Diciembre 05, 1996.

Gaceta parlamentaria. Año II. No 32. Fecha Dic 02, 2004. Legislatura LIX. Primer Período Ordinario. Fecha Dic 02, 2004. PROYECTO DE LEY DE CÁMARAS EMPRESARIALES Y SUS CONFEDERACIONES. Versión electrónica.

Gaceta parlamentaria. Año III. No. 26 Noviembre 13, 1996.

Gaceta Parlamentaria. Año III. No. 36. Fecha 05 de diciembre de 1996. Diario de debates. Cámara de diputados.

Rojas Caballero Ariel Alberto. CUM (Universidad Marista). Escuela de Derecho. Revista "Responsa". Año 0, Número 01. Editorial Progreso. Agosto de 1995. México.

Versión estenográfica de la sesión del 05 de noviembre de 2004. Cámara de Diputados-Dirección de Registro Parlamentario.

Versión estenográfica. Legislatura LIX. 1er. Período Ordinario del 02 de diciembre de 2004.

Diccionarios y Enciclopedias

Enciclopedia Jurídica OMEBA. Tomo XX MUTI-OPCI. Editorial Bibliográfica Argentina S. R. L. Impreso en Buenos Aires Argentina, 2004.

Diccionario de la lengua española. Vigesimotercera edición publicada en octubre de 2014. © Real Academia Española, 2024. Edición electrónica. Versión electrónica 23.7.

Nuevo Diccionario Jurídico Mexicano. Tomo I-O. Universidad Nacional Autónoma de México-Instituto de Investigaciones Jurídicas. Editorial Porrúa. México 2001.

Nuevo Diccionario Jurídico Mexicano. Tomo P-Z. Universidad Nacional Autónoma de México-Instituto de Investigaciones Jurídicas. Editorial Porrúa. México 2001.

Legislación

Constitución Política de los Estados Unidos Mexicanos. Publicada en el Diario Oficial de la Federación el 5 de febrero de 1917. Texto vigente. Última reforma publicada DOF 12-02-2007.

Código Civil para el Distrito Federal. Leyes y Códigos de México.70ª. Edición. Editorial Porrúa. México. 2003

Código Civil del Distrito Federal y territorio de la Baja California de 1884. 2ª edición, Herrero Hnos. Sucesores. 1922. México.

Código Civil del Distrito Federal y territorio de la Baja-California de 1871. TIP DE J. M. Aguilar Ortiz, 1ª de Sto. Domingo, número 5. México. 1875.

Código Civil Federal. Publicado en el Diario Oficial de la Federación en cuatro partes los días 26 de mayo, 14 de julio, 3 y 31 de agosto de 1928. Texto vigente. Última reforma publicada DOF 31-12-2004.

Código Civil para el Distrito Federal. Publicado en el Diario Oficial de la Federación el 26 de mayo de 1928. Texto vigente.

Código Civil para el Estado de Quintana Roo. Publicada el 8 de octubre de 1980. Texto vigente. Última reforma publicada el 29-septiembre-2006.

Jurisprudencias y Tesis

Jurisprudencia, Novena época, Instancia: Pleno, Fuente: Semanario, Judicial de la Federación y su Gaceta, Tomo: II, Octubre de 1995, Página: 5. Cámaras de comercio e industria, afiliación obligatoria. el artículo 5o. de la ley de la materia viola la libertad de asociación establecida por el artículo 9o. Constitucional. El Tribunal Pleno en su sesión privada celebrada el cinco de octubre en curso, por unanimidad de once votos de los ministros: presidente José Vicente Aguinaco Alemán, Sergio Salvador Aguirre Anguiano, Mariano Azuela Güitrón, Juventino V. Castro y Castro, Juan Díaz Romero, Genaro David Góngora Pimentel, José de Jesús Gudiño Pelayo, Guillermo I. Ortiz Mayagoitia, Humberto Román Palacios, Olga María Sánchez Cordero y Juan N. Silva Meza; aprobó, con el número 28/1995 (9a.) la tesis de jurisprudencia que antecede; y determinó que las votaciones de los precedentes son idóneas para integrarla. México, Distrito Federal, a cinco de octubre de mil novecientos noventa y cinco.

Jurisprudencia. Novena época. Instancia: Pleno. Fuente: Semanario Judicial de la Federación y su Gaceta. Tomo: II, Octubre de 1995. Página: 5 "CAMARAS DE COMERCIO E INDUSTRIA, AFILIACION OBLIGATORIA. EL ARTICULO 5o. DE LA LEY DE LA MATERIA VIOLA LA LIBERTAD DE ASOCIACION ESTABLECIDA POR EL ARTICULO 9o. CONSTITUCIONAL".

Tesis asilada. "Cámaras de comercio y de las de Industria. Naturaleza jurídica de las..." El Tribunal Pleno en su sesión privada celebrada el tres de octubre en curso, por unanimidad de once votos de los ministros: presidente José Vicente Aguinaco Alemán, Sergio Salvador Aguirre Anguiano, Mariano Azuela Güitrón, Juventino V. Castro y Castro, Juan Díaz Romero,

Genaro David Góngora Pimentel, José de Jesús Gudiño Pelayo, Guillermo I. Ortiz Mayagoitia, Humberto Román Palacios, Olga María Sánchez Cordero y Juan N. Silva Meza; aprobó, con el número LXVI/95 (9a.) la tesis que antecede; y determinó que la votación es idónea para integrar tesis de jurisprudencia. México, Distrito Federal, a tres de octubre de mil novecientos noventa y cinco.

Tesis aislada. Instancia: Pleno. Fuente: Semanario Judicial de la Federación y su Gaceta. Tomo: II, Noviembre de 1995. Página: 79. "NATURALEZA JURIDICA DE LAS CAMARAS DE COMERCIO Y DE LAS DE INDUSTRIA

Tesis aislada. Quinta época. Instancia: Segunda Sala. Fuente: Semanario Judicial de la Federación. Tomo: LXVI. Página: 591. Amparo administrativo en revisión 3004/40. Cámara Nacional de Comercio e Industria de Pachuca. 19 de octubre de 1940. Unanimidad de cinco votos. Relator: Agustín Gómez Campos.

Tesis aislada. Novena época. Instancia: Pleno. Fuente: Semanario Judicial de la Federación y su Gaceta. Tomo: XII, Agosto de 2000. Página: 102. Amparo en revisión 2167/97. Cámara Nacional de Comercio, Servicios y Turismo de Monterrey. 29 de mayo de 2000. Unanimidad de diez votos. Ausente: Juan Díaz Romero. Ponente: Mariano Azuela Güitrón. Secretario: Moisés Muñoz Padilla. El Tribunal Pleno, en su sesión privada celebrada hoy once de julio en curso, aprobó, con el número CXXV/2000, la tesis aislada que antecede; y determinó que la votación es idónea para integrar tesis jurisprudencial. México, Distrito Federal, a once de julio de dos mil.

Tesis aislada. Novena época, Instancia: Pleno, Fuente: Semanario Judicial de la Federación y su Gaceta, Tomo: II, Octubre de 1995, Página: 76. "Cámaras de comercio y de las de Industria. Naturaleza jurídica de las".

Sitios de la Internet

https://siem.economia.gob.mx/ [30-junio-2023]

http://www.caname.org.mx/ [30-junio-2023]

http://www.concamin.org.mx/inicio [10-marzo-2024]

https://cce.org.mx/ [10-marzo-2024]

https://www.sat.gob.mx/home [30-junio-2023]

http://www.congresoqroo.gob.mx/ [10-marzo-2024]

https://www.congresocdmx.gob.mx/ [30-junio-2023]

http://www.diputados.gob.mx/ [30-junio-2023]